満知子せんせい

みどり、真央、昌磨と綴った愛の物語

中日新聞社

はじめに

皆さんは山田満知子さんの名を聞いて、どんな印象を抱きますか。伊藤みどりさん、浅田真央さんら逸材の傍らで、笑みをたたえるフィギュアスケートの名伯楽の姿を思い浮かべる方も多いでしょう。

「子どもたちは言うんですよ。大きくなったら先生みたいなコーチになりたいって。格好いいメガネかけて、毛皮着てとか」。ご本人は鷹揚《おうよう》に笑います。でもそれが、等身大の「満知子せんせい」でしょうか？

知っているようで、知らない。それが、本書執筆のスタートでした。満知子先生へのインタビューを重ね、心の奥の柔らかい部分に触れるたび、刷り込まれてきた「剛」のイメージはどんどん薄れていきました。

そして、みどりさん、真央さんら教え子の皆さんから「声」を寄せてもらうと、それは確信へと変わりました。

先の大戦中に生まれ、劇的に変わる戦後を生き、自らもフィギュア界に大変革を起こします。希代の指導者は、しかし、勝利以上に競技の楽しさを伝えることを信条とします。だから周囲にはトップ選手から小さな子まで、いろんな笑顔があふれています。81歳となった今もリンクサイドに立ち、優しいまなざしを送り続ける。そんな素敵《すてき》な人生を、じっくりとひもときます。

聞こえてきませんか。「満知子せんせい」と呼ぶ、子どもたちの声が――。

2025年1月

高橋隆太郎

※本書は2024年に中日新聞、東京新聞で連載した「満知子せんせい」を再編集したものです。
本文中は敬称を略しています。

満知子せんせい　目次

はじめに　3

I　名コーチ誕生　11

1　変わらぬ光景　13
2　木下家の日々　17
3　流され、人生の岐路　29
4　走り始めたコーチの道　41
リンクサイド❶　銀盤の妖精　読者から　49

II　トリプルアクセル　53

1　運命の糸に導かれ　55

2　もう一人の娘として　71
3　前人未踏の領域へ　87
4　苦しみの先に　98
リンクサイド❷　初代番記者　馬庭重行　113

III　ポストみどり　117

1　先駆者の功績　119
2　けなげな努力家　124
3　名古屋の時代　143
リンクサイド❸　クリスマス会　高橋広史　151

IV　真央との愛の物語　155

1 天才少女と、再び 157
2 偉大な背中を見つめて 168
リンクサイド❹ 忘れ得ぬ人 高橋隆太郎 181

V 佳菜子、昌磨 そして道は続く —— 185

1 綺羅《きら》、星の如《ごと》し 187
2 教え子たちへの贈り物 206
3 昨日から今日、そして明日へ 223

山田満知子さんと主な教え子たちとの足跡 228

おわりに 230

満知子せんせい

みどり、真央、昌磨と綴った愛の物語

Ⅰ　名コーチ誕生

1943（昭和18）年、太平洋戦争のさなかに名古屋市で生まれた山田満知子さんは、母に背負われながら戦火をくぐり抜け、日本が新たなスタートを切った戦後を生きていきます。甘えん坊の4人きょうだいの末っ子は、温かい家族に包まれ、フィギュアスケートと出合います。

小学生時代にフィギュアスケートを始めた山田満知子さん（旧姓木下）＝本人提供

1 変わらぬ光景

華の都　門前町のリンク

名古屋の二大商業地、名駅《めいえき》と栄の中間から南へ下ったところ。大須観音の門前町は、週末ともなれば老若男女でにぎわう。

市街地を南北に貫く伏見通の西大須交差点に面した階段を上り、受付を進み左に折れると、冷気とともに視界が開ける。照明が降り注ぐスケートリンク。上部の観覧席に設置された巨大な写真の垂れ幕が威容を誇る。

伊藤みどり、浅田真央、村上佳菜子、宇野昌磨――。ここ「名古屋スポーツセンター」から世界へ飛び出し、冬季五輪でも躍動したフィギュアスケーターたち。その下方のリンクサイドに彼女の姿があった。

小学生だろうか。スケート靴を履いた氷上の小さな女の子に、大きく、ゆったりとした手ぶ

名古屋スポーツセンターに飾られた教え子たちの巨大な垂れ幕＝名古屋市中区で

りで、お手本を示す姿が見えた。２００６年のトリノ五輪までの２シーズン、フィギュアスケート担当だった私にとって、実に18年ぶりとなる光景。薫り立つ凛《りん》とした空気は、傘寿を迎え純度を増しているようにも感じる。それが、山田満知子が放つオーラなのだ。

「華やいでいるわね」。ふと脳裏に、かつて何度も聞いたフレーズがよみがえる。

当時は採点方式が６点満点から細分化され、初めての五輪を迎えようとしていた。変化に遅れまいと多くの選手、指導者が芸術性から技術へと傾倒し始めていた。時代の流れを受け入れながらも、それでもフィギュアが本来持つ高貴さ、美しさ、優雅さが何よりも尊い。そんな彼女の思いが、この教え子をたたえる常とう句からにじみ出していた。口にする時は、決まって上機嫌だったから。

レッスンが終わった。リンクから上がった女の子と見守っていたお父さん、お母さんの３人に、そろっておじぎをされ、名伯楽は優しい笑みを返した。山田満知子から指導を受ける。それは昔も今も、スケーターとその家族にとって胸高鳴る瞬間なのだろう。これもまた、変わらぬ光景だった。

甘え上手な「普及型」

1953（昭和28）年9月開場、70年の歴史を刻むこの「名古屋スポーツセンター」、通称「大須のリンク」が長く満知子のホームだ。

浅田真央らリンク上部に掲げられた巨大な写真の4選手のほか、小岩井久美子、恩田美栄《よしえ》、中野友加里、浅田舞ら門下生は数知れない。ピカピカと輝くその名を聞けば、誰もがトップ選手の育成に手腕を発揮してきたコーチ人生に思いをはせるはず。

そして伊藤みどりが女子で初めて五輪の舞台で成功させ、後輩たちが続々と挑み、跳んだ3回転半ジャンプ「トリプルアクセル」が代名詞であることも異論の余地はない。

だが満知子は、そんなふうに見られることに、長く居心地の悪さを感じていた。

「私は普及型のコーチなので」。試合で勝つ、五輪でメダルを取るノウハウを授ける「強化型」ではなく、スケート靴を履いたばかりの子どもたちに、フィギュアスケートの楽しさを伝えることを使命とする。

だから満知子の周りには、いつの時代も小学生と見守る親たちの姿がある。「みんなから愛される選手を育てたい」という思いを共有する集団は、いつしか「山田ファミリー」と呼ばれるようになる。

「職業婦人で、すごくパリッとしているように思われるかもしれませんが、実はそうでもないんですよ、私は。昔から甘ったれ。『満知子はしょうがないね』って感じで、みんなが助けてくれて。選手たちのご両親も本当に良い方が多くて。ですから一人で頑張らなくても、ここまでやってこられたのかなと思います」

周囲に「甘え上手」と苦笑される満知子の真骨頂は、どうやら周囲を巻き込む力らしい。数多《あまた》の選手と、その「ママ」たちを感化させてきた魅力は、いかに醸造されてきたのか。知りたいと思い、その原点へ向かって時計の針を巻き戻す。

2　木下家の日々

母の背で逃れた戦火

自らを「甘ったれ」と称する山田満知子は、１９４３（昭和18）年６月26日に名古屋市で生まれた。旧姓は木下。兄、姉、兄の４人きょうだいの末っ子として。

「今住んでいるところ。もう建て直していますが、この家で生まれたの。何も変わらなくて。もともと発展的な性格じゃないんですよ。病院ではなくて。本当にここで生まれて、ここで育って。80年、同じところ」

先の大戦中の誕生。その生家に防空壕《ごう》があったとは聞いているが「そうなのよ。でも私は覚えていません。赤ちゃんだったから」。なので愛知県内に住む六つ年上の姉紀子《のりこ》を訪ねて、話を引き取ってもらった。

「庭に防空壕がありました。だから寝るときは枕元に服を置いて、空襲の警戒警報が鳴ったらすぐに逃げ込みました。満知子は小さかったし、兄も弟もぐずぐずしていたから、いつも私が一番にね」

名古屋の夜空に焼夷《しょうい》弾が降り注ぐ様は「火の粉がパーッとね、花火のようでした」。近所に爆弾が落ちた跡は池のようにえぐれていた。米軍機の機銃掃射に逃げ惑い、焼けた街並みを高台から見つめ、涙が止まらなかった。

戦局が悪化すると、名古屋市の職員だった父武吉《たけよし》を一人残し、父の郷里の山梨へと疎開した。「確か列車で。千種《ちくさ》駅から乗ったと思います。私は客車の窓から乗り込んだのを覚えていますから」

疎開先といえど、家族以外を養う余裕はなかなかない。親類を何軒も訪ね、断られ、ようやく落ち着き先が決まった。あんまり歩いたものだから、疲れ切った次男の卓《たかし》は「もう嫌だ」と靴を脱いでしまった。そんな数々の苦労話も、母幸《ゆき》の背中で眠っていた満知子は知る由もない。

末娘　家族に包み込まれ

4人きょうだいの末っ子だった満知子は「下の兄とも4歳離れていて、一番上とは7歳差。みんながかわいがってくれて。生まれ育った環境かなと思います。『ねえ、これやってよ、あれやって』って。兄や姉に支えられながら、今までやってきました」と兄、姉への感謝を忘れない。そんな満知子の思いを伝言すると、姉紀子は「かわいがっていたというか、きょうだいたちも妥協していたと思いますよ。一番小さく年の離れていた満知子に、ある程度は譲っていました」と当時の心境を明かし、幾つかのエピソードを思い出してくれた。

お正月になると上の3人は百人一首に興じたが、まだ小さい満知子は仲間に入れなかった。すると紀子のそばにスルリと寄り添って、冷え切った足をくっつけてきた。

「温まった足にベタベタと触るので怒るんですけど、かといって蹴り返すこともできず。あの子も一緒にやりたかったんでしょうね」

次男の卓はニワトリを大切に育てていた。病弱でひよこから成鳥にするのに苦労したが、ようやく卵を産むまでになった。ところが、なぜか食べるのは満知子だった。今でもきょうだいで会えば「弟は『理に合わない』と言っています」と紀子は笑う。

2020年に長兄の洋《ひろし》が亡くなった折、遺品から卓に宛てた手紙が見つかった。本人が持っていた理由は不明だが、そこには満知子のフィギュアスケートの大会へ家族は応援に行けず、いつも一人で心細い思いをしているであろうことを心配する記述があった。

「そうですね。軸にいる満知子を、みんなで包み込んでいる感じでしたね」。紀子がこう表現する木下家の空気が、人を頼ることをためらわない満知子の特性を育んだのだろうか。

習い事　一人だけスポーツ

戦中、1943年生まれの満知子だが、記憶にあるのは戦後から。「小さい時、クラシックバレエを習っていました。幼稚園ぐらいから。教育担当は父でしたから」。この父、木下武吉は、満知子の言葉を借りれば「ハイカラ」な人だった。明治生まれでは珍しく、大学を卒業していた。

「教育熱心。戦後は食べていくのに精いっぱい、子どもに構ってやれない、そういう時代だったと思うんですよ。だけど父いわく、戦前は裸一貫で金をもうけることができたけど、これからは学歴がものをいう時代になる」

だから4人きょうだいの上3人は勉強に力を入れ、いずれも「愛知一中」だった名門の旭丘高校に入学し、2人の兄は国立大学へと進んだ。

ところが末っ子の満知子だけは違った。もともと父はバイオリンを習わせたかったらしいが、まだ幼すぎてかなわず。「今は3歳ぐらいから英才教育をしますが、戦後すぐでしたから、そう

クラシックバレエを踊る9歳のころの満知子さん（本人提供）

いう感じではなく、こんな小さい子には無理だよって」。ちなみにバイオリンは、姉紀子が習い始めることになった。

するとこと、旧満州（中国東北部）帰りの知人からフィギュアスケートの話を聞いてきた。名古屋にリンクがなかったが、いずれできるから、それまでフィギュアにも役立つバレエをやったらどうかと勧められたのだ。

「華やかじゃないですか、フィギュアって。バレエもそうですけど、そういうのに興味を抱いたんじゃないかなと思います。父が」

武吉は弓道の名手で、そのおかげか郷里の山梨から東京の明治大学にも進学できた。スポーツで身を立てる子どもが一人ぐらいいても良い、と思ったかどうかは定かではないが、とにかく満知子だけは上の3人とは違う方向に歩き始めた。

知と愛情に満ちた父

満知子の六つ年上の姉紀子は、父親の武吉について「子ども好きでしたね」と振り返る。次男だったため、山梨の実家を出ざるを得ず、遠く名古屋でようやく築いた家庭を本当に大切に思っていたようだ。

まだ小さかった満知子を除いた3人の子どもたちに、木炭で自身の手のデッサンをさせるなど、よく休日は付き合ってくれた。後にフィギュアスケートを始めた満知子が、練習で疲れ果て「もう歩けない」と甘えると、仕方ないなとばかりにおぶって帰ってきたこともあった。

父木下武吉さん㊨と写真に納まる11歳ごろの満知子さん（本人提供）

愛情の向かう先は、わが子のみならず。紙芝居を描き、小分けにしたお菓子を配って、近所の子どもたちも楽しませていた。

話は変わるが満知子に、その名前の由来について尋ねてみた。「はっきりは分かりませんが、父が、勤め先にいた女の子たちと相談して決めたようです。『満』の字が良いとか、どうとかと言って」

名付けといえば字画にこだわったり、親類やお坊さんに相談したり。そうやって仰々しく決めたりしそうなものだが、満知子も「ハイカラな父だったから、あんまり字画とかはね。でも、もう少し考えて付けてほしかったわよね。何か、軽い感じがしますよね、ハハハ」と苦笑する。こんなところにも、新しい時代の父親像が浮かび上がる。

「私、『満知子はどういう字ですか』と聞かれるたびに『不満の満に、無知の知』って答えてるんです」。いたずらっぽく笑わせた彼女に、生徒たちや報道陣も敬愛を込めて口にする「マチコ」の響きが、もはや先生そのもののイメージになっているとの感想を伝えると「そうですか？ありがとうございます。まあ、気に入っていないわけではないですね」と答えた。

そんな父親の思惑通り、クラシックバレエを経由してフィギュアを始めたのは、小学生になってからだった。

楽しくないフィギュア

「愛知県体育協会六十年史」などによれば、名古屋市には戦前にもスケートリンクがあったが、第２次世界大戦中に閉鎖。戦後の１９５２（昭和27）年９月、千種区の今池に屋内スケート場「中日アイススケートリンク」（17メートル×25メートル）がオープンする。愛知県スケート連盟の組織的な活動の開始に呼応するかのような「絶妙なタイミング」（六十年史）だった。

翌１９５３年には、名古屋駅近くの堀川沿いの納屋橋に「名古屋アイスパレス」が開場。28メートル×60メートルの公式サイズのリンクで、正規の競技会ができるようになった。そして大須に「名古屋スポーツセンター」も同年に完成した。通年営業で、選手たちのリンクを求めてさまよう生活も「一応の終わりを見た」とある。

環境も整い、満知子は父武吉の希望により、フィギュアスケート人生をこぎ出すことになる。ところが自身は、そんなに前向きではなかったと明かす。

「そうですね。父は優しい方だったかもしれませんが。あの時代の男の人というのは怖いというか、威厳があるというか……」

放課後になるとリンクへ向かい、地元のスケート連盟の役員らに教えてもらうのだが、明治生まれで戦前から滑っていたというような男性が多く、満知子はどうしても威圧感を受けてしまう。

「今はプロのコーチもいますし、もう少し楽しくと言いますか……。その時は、何も楽しくなかったです」

指導は理論が中心。付き添う父親も同じだった。「理屈屋さんです。頭ごなしに言われた記憶はまったくありませんが、とにかく理屈か『へ理屈』か知りませんが、理論、理論、理論――。それが、すごく疲れた」

この経験が、後にフィギュアのコーチとなってからの信念に強く反映される。

もう少し好きだったら

小学生になった満知子は、満を持してフィギュアスケートを始めた。ところが１９５０年代は今のようなプロのコーチもおらず、威圧的な男性コーチたちの理詰めの指導に、心はまったく躍らなかった。この苦い記憶が、指導者としての指針に大きく影響を与える。

「もし私がスケートをもう少し好きだったら、もっともっと上手になっていたと思うの。だから子どもたちが『スケート大好き』『せんせい大好き』ってなれば、もっと上手にもなるし、励みになると思うので」

スケートリンクは、どんな場所であるべきなのか。競技を極める「道場」のような張り詰めた空気が漂う修業の場、という考え方もあるだろう。しかし、満知子は自分の残念な経験から、対照的な理想像を描いた。

「来るのが楽しい場所。子どもたちが『せんせいっ！』ってやって来て、みんなでワイワイ、ガヤガヤ。それでいて頑張る。そういう感じでやりたいと思ったし、自分がそうじゃなかったから、なおさら、そうしたいというのがありましたね」

そんなスケート少女時代、レジェンドとの邂逅《かいこう》を果たしている。１９３６年にドイツ南部で開かれたガルミッシュパルテンキルヘン五輪に12歳で出場した稲田悦子が名古屋を訪れ、指導を受ける機会を得た。戦前の冬季五輪に出場したただ一人の日本女子選手であり、女子フィギュア界のパイオニアだ。

「どういう経緯でいらしたのかは分かりませんが、印象は（戦前から活躍していた歌手で女優の）笠置シヅ子さんのような方でした。『ハハハッ』と笑って」。細かいことは覚えていないが、明るく、豪快に話す様子が、関西弁でまくしたてるように歌う大人気の「ブギの女王」と重なった。

出入り自由　開かれた家

満知子がフィギュアスケートの道を歩んできたことは、家族思いで「ハイカラ」だった父の木下武吉の意向が強く反映している。では、母の幸はどんな人だったのか。満知子の六つ年上で、より母親の手伝いをしていた姉の紀子に聞いてみた。

出身は名古屋。きょうだいが多く、その中でも年下の方だったから、武吉との結婚後も実家から十分な援助を受けることができなかったようだ。終戦直後、紀子も母と一緒に家族の食べ物を探して市中を歩き回った記憶がある。

しっかりと家を守る「昭和の母親」だった。「どちらかといえば『家に来たら気持ち良く遊んでいけばいい』という感じでしたね」。子どもたちの友人といった来訪者を、快く迎え入れていた。

兄や弟の同級生がやってくると、元気いっぱいの男の子たちは次第に家の中でドタバタと暴れ始めてしまう。すると母は、どこかから古い畳を2枚持ってきて、ドンと庭に敷いた。「ここでなら、どれだけ暴れてもいいから」と。

遊びに来た兄だか弟の友だちに「おばさん、教えてあげるよ」。誘われたマージャンにはまり、やがてその高校生たちと卓を囲むようになった。マージャン熱は木下家にも伝播《でんぱ》していった。

母の木下幸さん㊨と写真に納まる満知子さん（本人提供）

そんなこんなで、いつも家には大勢の子どもたちの姿があった。「私は覚えていないのに、友だちから『昔行ったよ。お兄さんの部屋に蛍雪時代（大学受験生向けの雑誌）があってね』なんて言われて。狭い家だったんですけど」と紀子は、不思議そうな表情を浮かべた。

開かれた木下家の「伝統」は、フィギュアスケートのコーチになった満知子にも受け継がれたようだ。「選手のお母さんたちが家に勝手に入って来て、冷蔵庫を開けて何か作ってくれたり」。懇意にする報道関係者も頻繁に出入りした。「それは木下の家系なのかな」と満知子は笑う。

3　流され、人生の岐路

欲はなくとも日本一

名古屋市立の小、中学校を卒業した満知子は、「愛知一中」の旭丘高校出身の兄、姉とは違い、愛知で屈指の伝統を誇る女子校の金城《きんじょう》学院高校に進学した。父武吉の方針に従い、主に勉学に励んだ上の3人に対し、フィギュアスケートを優先しての選択だった。

「私だけ私立の金城。それだけ聞いても甘やかされていましたよね。兄たちに言わせると『満知子は特別だった』って。お洋服なんかも、父がこういうのを着せたいと買ってくるんですけど。小さいころは、ベレー帽をかぶらされたり。でも、すごくそれが嫌でした」

高校時代、満知子は決してスケート一色の生活を送っていたわけではないが、しっかりと結果を残す。1960（昭和35）年1月、長野県で開催された全国高校スケート選手権と国体で優勝を飾った。茅野《ちの》市郊外の蓼科《たてしな》湖で競った高校選手権の活躍は、中部日本新聞（現在の中日新聞）

高校時代に国体などでも活躍した満知子さん（本人提供）

佐久実が5連勝

ィギュア 女子団体 南山に栄冠

はじめて18分をきる17分54秒5の快記録をだすなど男女四種目に九つの大会新が生まれた。

得点争いは最終日をまたずに男子は苫工の三連勝、女子は南佐久実の五連勝が決定した。

フィギュア男子は同志社香里の小泉が個人優勝して同校を団体優勝に導き、女子ではフリーで最高点をあげた木下（金城）が個優、団体は愛知南山が勝ち、金城の四連勝をはばんだ。またアイスホッケーは日光、釧路湖陵が決勝へ進んだ。

【スピード】▽男子千五百㍍（オープン・コース）①鈴木恵一（苫工）2分25秒6②岡間（苫工）2分30秒5③槇野（苫工）2分30秒7④鷹野茂（南佐久実）2分31秒6＝以上大会新⑤前島（岡谷南）2分32秒3⑥浅沼（南佐久実）2分32秒8⑦鷹野諭（南佐久実）⑧森泉（野沢北）

▽男子一万㍍（オープン・コース）①斎田清一（苫工）17分54秒5＝大会新②石幡（日光）18分25秒4③鈴木（盛岡工）18分33秒4④青山（柏葉）18分33秒5⑤米沢（盛岡農）18分33秒6⑥藤原（峡北）18分33秒8⑦小口（岡谷南）

▽女子千㍍（オープン・コース）①高村良子（吉田）1分49秒4②高橋（軽井沢）1分49秒8＝以上大会新③小池（南佐久実）1分54秒5④宮坂（岡谷東）1分54秒7⑤武田（帯広大谷）1分54秒8⑥横山（帯広柏葉）1分55秒1

ス）①高村良子（吉田）2分55秒1②鷹野靖（南佐久実）2分57秒7＝以上大会新③木村（帯広三条）3分2秒2④板谷（帯広大谷）3分3秒8⑤加藤（南佐久実）3分5秒0⑥宮坂（諏訪二葉）3分5秒5

【第三日までの得点】▽男子①苫工47②南佐久実25・5③岡谷南

第五回中部日本学生スキー選手権大会は、十八日長野県細野スキー場で十校百二十人の選手が参加して開幕した。第一日は午前十時からの開会式に続き、午後一時から咲花コース（一周6・25キロ、標高差百七十㍍）で継走が

女子フィギュア個人に優勝した木下満知子選手（金城高）

1960年の全国高校選手権での満知子さんの優勝を伝える中部日本新聞の紙面

も写真付きで伝えている。

「アサヒグラフ（朝日新聞社が2000年まで刊行）という大きな雑誌があったのね。そこに載せてもらったり、新聞に載せてもらったり。初めてそういうことがあった年だったかな」

ただ成績に関しては「自分は、あんまり欲がなかったから、『ああ』という感じでした」と素っ気ない。

それより屋外の天然リンクが会場だったため、当時あった滑走して氷上に課題の図形を描くコンパルソリー（規定）では、風が吹いたらスピードが落ち、止まってしまうのではと心配でたまらない。

「氷が割れて落ちちゃうんじゃないかとか。『ホッケーの子が落ちたらしいよ』とうわさになったり。今から考えれば、和やかなものですよ」

五輪なんて憧れもせず

金城学院高校時代の満知子は、愛知県代表として１９６０年の全国高校スケート選手権と国体で優勝を飾ったが、結果に対する特別な感慨は無かった。一方で、県代表で遠征する時に旅館に宿泊できることが、大きな楽しみの一つだった。

「そのころは旅行自体が、ぜいたくなことでしたから」

大会で訪れた街を、県の旗を先頭に会場まで行進したこともあった。「街の人たちが通りに面した建物の２階から、手を振ってくれました。何の大会だったかは忘れてしまいましたが」と懐かしむ。

満知子が次々と「全国優勝」を飾ったその冬、米国のスコーバレーで冬季五輪が開催され、１学年下の福原美和らが日本代表として出場した。福原は次の１９６４年にオーストリアであったインスブルック五輪で、日本女子選手初の冬季五輪入賞（５位）を果たした名選手だ。

「はいはい、覚えていますよ。私と同年代の人が出ていた。合宿なんかで一緒になったことのある。私たちより一段上の方。東京の人たちだよね」

女子シングルで優勝したキャロル・ヘイス（米国）についても「きれいな人だな。ああすごい、高級、上手で華やかだな」という印象はある。ただ、いずれ自身も五輪に行きたい、大舞台に立ちたいという思いを尋ねると「ない」。即答した。

「全然、別の世界だと思っていたから。そういうことを夢見てやっていたわけではないので。『すごいな』というだけで、憧れもなかったと思います。あんまり向上心がないんだよ、ハハハ」

後に五輪のリンクサイドで教え子を見守ることになるなんて、当時の満知子は夢にも思っていなかった。

進学　決断したはずが

愛知・金城学院高校の卒業が迫る満知子に、一つの分岐点が訪れる。進学先の選択。イコール、フィギュアスケートを続けるか、否かだった。

「そのころは、ある程度優秀な選手は、東京六大学が引っ張ってくださって」

当時、フィギュアの中心地は東京だった。父の武吉は自身も郷里の山梨から弓道で明治大学に進んでおり、上京には前向きだった。

「父は、どうも行かせたかったみたい。お父さんも明治大学だったでしょ。だから六大学に行って、フィギュアでもう一花と。それには名古屋にいてはダメ、もう少し上手にさせたいという思いがあったと思う」

一方、母の幸は「女の子なので地元にいて、結婚して、子どもを産んで、というね。東京なんかに行ったら、ろくなことにならないって」。両親の思いは正反対。では、どう決断したのか。

「私はスケートが好きじゃなかったの、あんまり。やらされていたスケートだったから。だから、この機にやめたいと。普通の生活がしたい。お友だちと遊んだりね」

満知子は１９６２（昭和37）年、金城学院大学へ進学。地元に残った。希望通り、一応は競技から距離を置きながら、大学生活を楽しんだ。それでも、フィギュアの方から勝手に近づいてくるのだから不思議なものだ。

「大学2年生の時に『国体に行く選手がいないので、一般の部に出場して』って頼まれて、練習していないのに出させられました」

愛知のスケート連盟の手伝いに駆り出され、試合の時に曲をかけたり、昇級テストで小さい子たちの面倒を見たり。勤め人が多かった連盟関係者の中で、時間の自由が利く学生は重宝される存在だった。

金城学院大学に通っていたころの満知子さん（本人提供）

一歩目は「バイト感覚」

１９６２年の大学進学とともに「あまり好きではなかった」というフィギュアスケートの現役選手としてのキャリアを閉じようとしていた満知子だったが、地元愛知のスケート連盟の仕事に駆り出され、競技との関係は緩やかにつながっていた。すると小さい子どもたちの指導を、その保護者たちから頼まれるようになった。

「当時、スケートを教えていたのは、お勤めしている方たちばかりでした。仕事が終わったら、夜にリンクに来て、ちょっと教えるような。セミプロっていう感じかな。そこでね、私なんか若いし、学校が終わったらリンクに行って、なんてしていたら、そのうちに『うちの子を教えてよ』ってなって」

一度は離れようと思ったフィギュアから、やっぱり離れられない。どちらかといえば、フィギュアの方から近づいて来る。まるで、それが運命、宿命だったのかのように。

「どうなんでしょう。私にはスケートしかなかったからかな。でも友だちと旅行にも行っていたし、仕事というのではなく、まだアルバイト感覚でしたから」

勧められて、踏み入れた指導者の道。だが満知子は「そこから、はっきり記憶がある」と言う。

「自分で教え、育てていかなければならないから。自分が選手の時はスケートをやりたくなくて、だらだらとやっていただけなんですけど」。他人を預かることの重さ。指導者が背負う責任を、この時から体感し始めていた。

とはいえ、この時点でコーチを一生の仕事にしようとは思っていなかった。思い描いていたのは「普通のお母さん」。それは母幸と同じような。「女の人が仕事を持つなんて、考えてもいませんでした。スケートを教えていても『普通』になる予定でした」

だからコーチ業も結婚するまでと考えていた。その区切りと定めた結婚によって、自身が信じる「普通」とは違った人生を進み始めることになる。

公団住宅が併設される前の名古屋スポーツセンター＝1978年、名古屋市中区で

赤い糸　たどっていくと

満知子は自らの人生を、こんなふうに語る。「本当に自然な流れ。『どんぶらこ、どんぶらこ』と行った先が、ここだった」。フィギュアスケートとの出合い、

進学先、そして大学を卒業して間もなくした結婚も。

お相手の宏樹《ひろき》とは、文字通り「赤い糸」で結ばれていた。1学年上の彼はアイスホッケーの選手で、満知子がまだ中学生だったころから同じリンクで滑っていた。加えて、父親同士も仕事関係の知り合い。家も近く、練習が終わると市電の駅で待ち合わせ、帰宅した。

「もちろん、他のお友だちも一緒にですけどね」

やがて宏樹は東京の大学へと進んだが、夏休みに帰省すると、よく会って、話をした。何となく仲が良くて、離れていても「糸」はずっとつながっており、そして当たり前のように結婚した。

「私は結婚するならこの人だろうなって。主人も言うんですよ。『俺は高校の時から、そう思っていた。満知子と結婚するんだろうなって』ね」

いずれ「普通のお母さん」になろうと思っていた満知子にとって、結婚はフィギュアのコーチから離れる区切りとなるはずだった。ところが宏樹は、当時でいう「普通のお父さん」ではなかった。

夫の実家は商売をしており、両親はともに働いていた。「お手伝いさんに育てられていたし、いわゆる家庭的という感じではなかったみたい。だから主人は、女の人が仕事を持って、華やぐことが嫌ではなかった」

さらに勤め先では海外出張が多く、あまり家にいなかった。「自分がアメリカに行っていて、じっと帰りを待たれて『まだ帰ってこない』って言われるよりも、妻には何か好きなことをやって、華やいでもらっていたほうがね」

かくして満知子がフィギュアのコーチを続けるリミットは、従来の「結婚」から「子どもができるまで」と後方へ修正されることになる。

信じて頼れる　強い絆

満知子にとって、フィギュアスケートとの決別と定めていた結婚が、今思えばコーチを続ける追い風となったのだから不思議だ。夫となった宏樹について尋ねると、「私の持っていないところを、いっぱい持っている。尊敬しています」と明かす。

多趣味。オートバイをいじったり、オーディオのスピーカーを自作したり。自分の人生を楽しめる人。そして「物知り」だ。満知子は「スケートのことしか知らない」と自覚しているから、困ったこと、分からないことがあれば何でも相談した。宏樹の「世の中、そんなものだぞ」という助言が、いつも満知子の心の強い支えとなった。

傘寿を迎えた今でもそう。選手が他の指導者の下へと移って行くことは、頭では理解しながらも、どこか寂しく思ってしまうこともある。そんな時、宏樹は「大体な、80歳の、いつやめるか分からないおまえのところにいようと思う方が不思議。俺だったら付いていかないよ。それが、いたいという人が1人でも2人でもいるっていうのは、ありがたいことじゃないのか」。言葉がストンと腹に落ちる。

若いころはフィギュア界の人間関係で悩んだ。「みんなに認められよう、きちんとしていると思われたい、と考えているかもしれないけど、そんなのは偽善者。10人いて、3人が認めてくれたら御の字」。そして宏樹は「0はダメだけど」と付け加えて。

「私が進んでいくことを素晴らしいと思っていてくれる。本人は言わないけど、多分、私のことも尊敬してくれているんじゃないかな」。だから干渉せず、おのおのが自由に生きる。満知子も宏樹の意思を尊重する。そうやって60年近くを過ごしてきた。

「ものすごく遠い距離にいる。私とお父さんは。だけど糸はグッと結ばれている。だから、どんなことをお互いがしていても大丈夫、みたいな」。2人で培ってきた絆は、何があっても揺るがない。

ファミリー　強い後押し

満知子のフィギュアスケートのコーチをやめるリミットは、「結婚」から「子どもが生まれるまで」に先延ばしとなった。でもやっぱり、この区切りは撤廃されることになる。それも満知子本人の希望というよりも、周囲の声と協力によって。

長女を身ごもると、母子の健康を第一に、さすがに一時はリンクから離れた。しかし1969（昭和44）年6月に美樹子《みきこ》が生まれ、少し落ち着くと、生徒のお母さんたちがワイワイと集まってくる。赤ちゃんは私たちが抱っこしてるから、またフィギュアを教えてと。

「本当に良い保護者の方に恵まれて。お弟子さんのお母さん方が、美樹子を自分の娘みたいにかわいがってくださって。『先生、これ、かわいい靴、買ってきた。これ美樹ちゃんに履かせようよ』とか言って。みんなでね」

これが「山田ファミリー」の原点の一つ。保護者と一線を引く指導者も多いが、満知子はママ、パパたちを積極的に巻き込んでいく。周囲の力に頼る、最大限に活用することを躊躇《ちゅうちょ》しない特性は、若いころ、こんな温かい経験によっても育まれた。

両親の協力も忘れてはいけない。満知子の新婚生活は名古屋市内のアパートでスタートしたが、夫の宏樹は海外出張が多く家を空けがちだったこともあり、実家とは近い関係を保っていた。美樹子が生まれ、ますます緊密となり、いっそ一緒に住もうということに。

「父や母も私がフィギュアスケートをすることが好きだった。孫の世話をするのも嫌じゃなくて、スケートの話を聞くのも好きでしたから」

もろもろの要因が重なり、「自然とそっちに追い込まれていった」と満知子は苦笑する。仕事を続けていくハードルになると予想した結婚、出産で逆に外堀を埋められる形となり、いよいよフィギュアのコーチとして生きていく環境が整った。

4 走り始めたコーチの道

プロとして　戦う責任

夫や両親の協力、生徒の保護者たちの希望でフィギュアスケートのコーチの道を本格的に歩み出した満知子だが、すべてが順風満帆だったわけではなかった。

「職業婦人になるつもりはなかった」と語るように、男性と並んで働く女性への視線は今ほど温かいものではなかった。「連盟から反対されたり。お金を取って教えるということに対してね」。特にフィギュア先進地とはいえない名古屋では、プロのコーチはほとんどいなかった。

リンクで教えていると、東京でフィギュアをやっていたような男の人が仕事帰りに現れ、勝手に満知子の生徒に声を掛け、無償で指導した。

「私の立場は丸つぶれですよね。その人は伸びる子だけを見るんですよ。私は伸びる子も、下手な子も教えていた。いろんなことをされた時は、さすがにこのままではやっていけないと」

自身の現役時代、フィギュアスケートは「やりたくないから、だらだらとやっていただけ」と振り返る。それが望んではいなかったとはいえ、指導者になってからは「自分で教えていく、育てていかなければならない。やっぱり試合で勝たせてあげたいと思うわけですよ」。強烈な責任感が芽生えていた。

自分のことならともかく、ひとさまを預かる上で中途半端なことはできない。だから、すべての生徒の指導を一度断って、本当に自分に付いてくる気持ちのある2、3人にして、その子どもたちだけを徹底的に教えるようにした。

「戦いじゃないですけど、そういったことはありました」。噴き出すマグマのような思いが源泉となり、その志に賛同する保護者と子どもたちが集う「山田ファミリー」を形づくっていく。

東に負けない　一路西へ

生まれ育った名古屋でフィギュアスケートのコーチとしてのキャリアをスタートさせた満知子は、常にある思いを抱いていた。

「東京の子どもは何てセンスがいいんだろう。だって、きれいなコスチュームを着ているし。私も、ああいうふうな選手を育てたい」。それはフィギュアのみならず、あらゆる面で日本の中心である東京という街に対する、拭いがたいコンプレックスでもあった。

　1960、70年代の名古屋と東京には、そんなに大きな差があったのか。「私にはあったね。向こうは都会。すごい都会。街自体もそうだったかもしれません。スケートでもね。東京にはプロのコーチもいましたし」

　自身は大学進学時、上京せず、名古屋で生きていくことを選んだ。愛する地元でコーチとなり、子どもたちを教えていく上で、何とかして、その気後れを払拭したい。芽生えた使命感を胸に、満知子が向かったのは東京とは逆方向、西の大阪だった。山下艶子《つやこ》。現役時代は全日本選手権で連覇を果たし、指導者としても佐藤信夫、久美子（旧姓大川）夫妻らを五輪に送り出した。この名伯楽の下に、満知子は走った。

三笠宮崇仁親王と滑る山田満知子さん（本人提供）

「難波のリンクにいらっしゃったので、選手を連れて週末にレッスンを受けて。私も勉強をして。先生にはすごく助けてもらい、かわいがってもらいましたね」

　東は東京・後楽園のリンクが、西は大阪・難波のリンクがフィギュアの聖地だった。大勢の名コーチがいる中、山下に引かれた理由を満知子は明かす。

「女性の先生だったし、きちっと私生活もされて、私の好きなタイプだったの。自分がこれから、このスケート界で教えていくには、やっぱり先生からいろんなことを学んで、知りたいと思って」

そう思ったら、受話器を取り、ダイヤルを回していた。

すべてに「貴婦人」の教え

東京への対抗心を胸に秘め、名古屋にはなかった「華やぎ」を求め、満知子は生徒を連れ、フィギュアスケートの名伯楽、大阪の山下艶子の下へ足しげく通った。

「泊まりがけだったかな、それとも夜中に走ったのかな。とにかく朝6時のコンパルソリー（規定）から、一般営業の時間も一緒に練習させてもらって」

憧れの存在だったという山下の魅力は。

「フィギュアスケートって気品高く、上品なスポーツだと、昔から私たちはそう思っていましたので。それにふさわしい先生でした。本当にシュッとした、貴婦人みたいな。教え方も、コツコツときちっと説明される方だった」

氷上はもちろん、身なりや話し方、はたまた食べ物まで、あらゆる面で多大な影響を受けた。「食器はこういうのがいいとか、ハムはどこどこのものがいいとか、本当にいろんな」。洋服や宝飾品が欲しいと相談すれば一緒に大阪の百貨店へ向かい、なじみの店員まで紹介してくれた。

「私が名古屋の（実家の）木下の家で育ってきた環境と違う。名古屋で、みんなで『エンヤトット』とやって、頑張ってきたフィギュアスケートとも違う。私がそういうことを求めていたというか、山下先生の人間性に憧れていましたので。だから、そういう指導者になりたいと思っていました」

心から慕う満知子に、山下も胸襟を開く。ちょうどそのころ、門下生でもある娘の一美が、1972（昭和47）年の札幌五輪の代表になった。「もちろん相談されるというほどではないけれども、いろんな話を。『見て見て、この振り付けどう？』というのをやった覚えはありますね」

その一美の応援も兼ね、満知子は自国開催の五輪を実際に見ようと、機上の人となった。

教える楽しさ味わい
いまも自分の勉強続ける

スケート・インストラクター
山田満知子さん

直し、決して妥協しない。かと思えば、ダダをこねて母親を困らす子には「お母さんをバカにして、あなたはいい気持ちでしょう。でも、みんなに笑われるのは、あなたなのヨ」と叱る。

「いけないと思ったら、その場でピシッとやらなければ意味がない。小ちゃな子は自分の子をしつける気持ちで……。でも、ようしたもので、きびしいからといって、やめた人は一人もいないワ」。

旧姓木下満知子。昭和三十一年、中学一年生の時、全日本フィギュアスケート選手権ジュニアの部で優勝、翌三十二年には全日本フリースケーティング大会三位に入賞し、五輪候補選手に選ばれた。上野純子、福原美和の両選手に代表の座を奪われたが、金城高時代はバッジテスト7級（当時は女子の最高級）の実力を生かして数多くの“優勝”を手中にした。

「子供の頃からフィギュアに慣れると上達します」NSKの生徒にスケーティングをおしえる
＝中区、名古屋スポーツセンターで＝

くっちゃネ。そのほかの問題もあるし――。尊敬している山下艶子さん（山下一美選手の母親）に教えてもらっているの」。

流行のおおかみカットのヘア。ニットのパンタロンスーツを着こなした若々しい先生は、元気いっぱい「がんばらなくっちゃ」。

1971年11月27日付の中日新聞に掲載された山田満知子さんの記事

愛される「妖精」の記憶

１９７２年、日本で初の冬季五輪が札幌で開催された。フィギュアスケートのコーチの道を進んでいた満知子は、両親の「日本で五輪があるなんて、めったにないことだから」との勧めもあり、観戦へと旅立った。

「あんまり興味はなかったんですけど。『行ってみようかなー』っていうぐらいで」。そんな気構えとは裏腹に、深い感銘を受けることになる。そう「銀盤の妖精」に。

ジャネット・リン（米国）。フィギュア女子で銅メダルを獲得。かわいらしい振る舞いが世界をとりこにした。選手村の自室の壁に「Ｐｅａｃｅ ＆ Ｌｏｖｅ」と書き残したエピソードも人々の心を捉え、「札幌の恋人」と愛された。

「スピンで転んで、ペロッと舌を出したり。それでニコッと笑ったり。そういう愛くるしさがあって、本当に人気な選手だったね」。満知子は懐かしそうに振り返る。この柔らかな記憶が、その後の指導に強く反映される。

「いつも例に出して話をするんですけど、ジャネット・リンは札幌五輪で１位になっていないんですよ。でも、人々の記憶に残っている。彼女のように、心に残るスケーターというのは何か。心の中からかわいらしくて、それが演技に出ているのね」

コーチを続ける中で、満知子は子どもたちに繰り返し語り掛けてきた。

みんなから愛されなさい――。

「自分の人格が素敵《すてき》であれば、演技も素敵になるし、人から愛される。競技を引退し、世の中に出てからも、そう」。それは試合で1位を取るよりも、ずっと大事なことだと。

忘れ難い札幌での光景。でも五輪自体を見つめるまなざしは、やっぱり変わっていなかった。

「別にオリンピックを目指しているわけでもないので、もともとが。優秀な選手をつくりたいとか、そっちにはいかないんですよ」。相変わらず、別世界と俯瞰《ふかん》していた最高峰の舞台。あの天才少女と出会うまでは。

リンクサイド❶

銀盤の妖精

読者から

本書は2024年に中日新聞、東京新聞で連載した「満知子せんせい」をまとめたものですが、全115回の掲載中には数々の反響が寄せられました。

先の大戦中、1943（昭和18）年に生まれた山田満知子さんがフィギュアスケートのコーチとなるまでの歩みを描いた第Ⅰ章の終了時には、同じ時代を生きてきたという読者から、お便りをいただきました。その一通を紹介します。

1972年、札幌五輪を観戦した満知子さんは女子銅メダルのジャネット・リンさん（米国）に感銘を受けますが、そんな「銀盤の妖精」との思い出を綴《つづ》ってくれたのが名古屋市の田中幸子さん（椙山女学園大学名誉教授）です。

1937年生まれの田中さんは、愛知学芸大学（現愛知教育大学）を卒業し、米国の大学院で学びました。1960年代前半、黒人の基本的な権利を求める公民権運動のさなか。南部のテネシー州ナッシュビルでは、白人専用の高級レストランで抗議の「座り込み」にも参加。忘れ得ぬ経験となりました。

帰国後は、さまざまな会合で通訳を頼まれました。札幌五輪翌年の1973年7月、キリスト教団体がリンさんを招き早稲田大学の大隈講堂などで開いた集会で、通訳を務めました。札幌五輪の選手村の自室の壁に「Ｐｅａｃｅ ＆ Ｌｏｖｅ」と記したように、敬虔《けいけん》なキリスト教徒だったリンさんの、ひたすらに世界の平和を願う純粋さが、田中さんの記憶に深く刻まれているそうです。

「かわいらしい女の子でしたけど、芯はしっかりとしていましたね」

リンさんは金メダルを目指した五輪で、演技中に尻もちをついてしまうなど銅メダルに終わりました。それでも「成功も失敗も、神様のなさること」と穏やかに振り返っていました。別れ際、自らの写真に、通訳してもらったことの感謝や「神の恵みがありますように」などと田中さんへのメッセージを記し、プレゼントしてくれました。まさに「友情の証し」です。

田中さんは紙面にリンさんの名前を見つけ、貴重な写真を送ってくださいました。そんなふうに新聞記事が読者の皆さんの感情に語りかけ、記憶の小箱を開いていたことを、筆者として大変うれしく思っています。

（高橋隆太郎）

ジャネット・リンさんから田中幸子さんに贈られた直筆メッセージ入りの写真

Ⅱ トリプルアクセル

指導者の道を歩み出した山田満知子さんは、伊藤みどりさんと出会い、世界の大舞台へと飛び出していきます。天才少女の代名詞は「トリプルアクセル」。この大技を武器に、欧米中心だった競技に風穴をあけた鬼気迫る二人三脚は、実の母娘《おやこ》のような愛情あふれる物語でもありました。

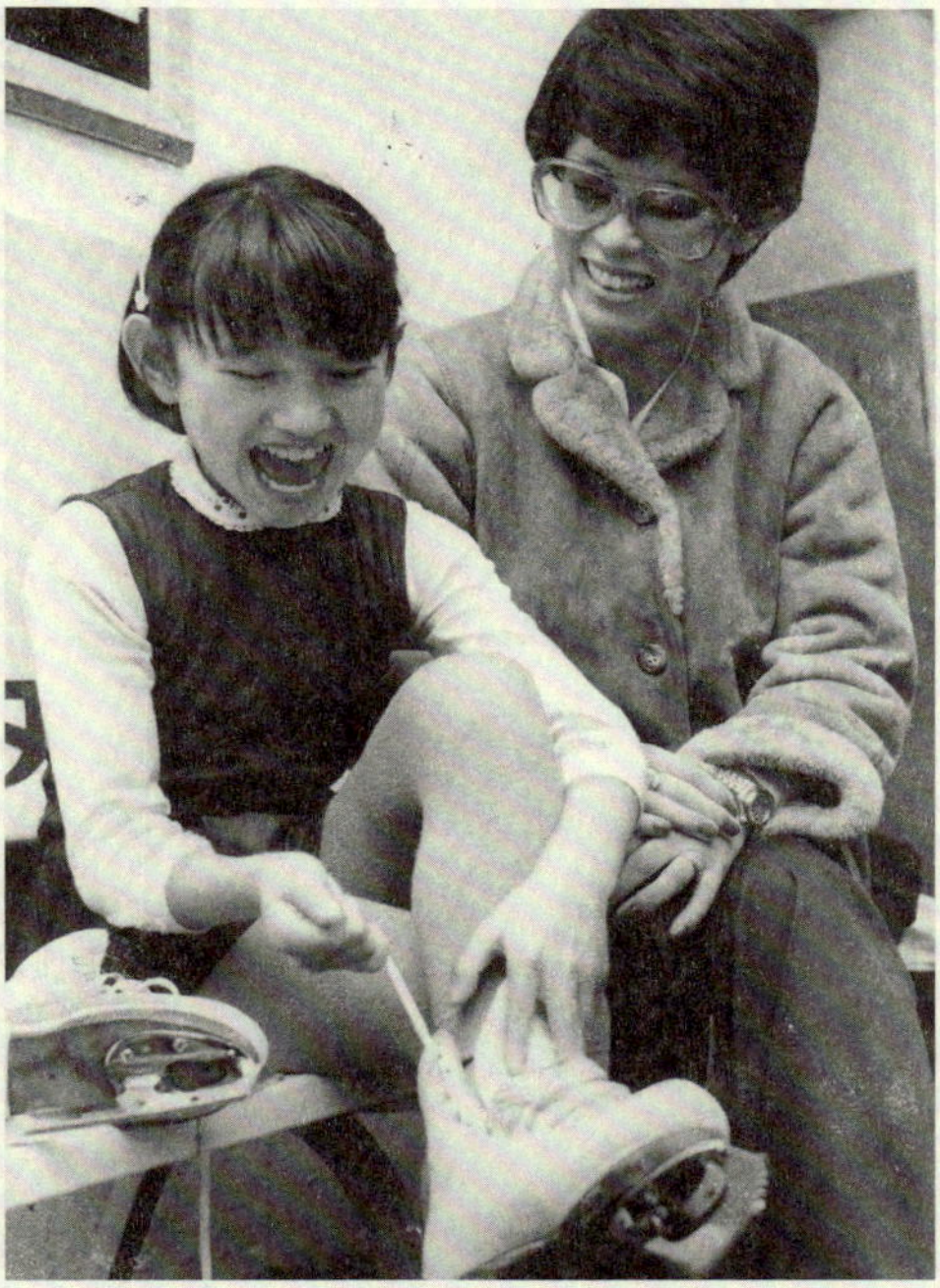

小学生の伊藤みどりさん㊧に優しい視線を送る山田満知子さん＝1980年10月、名古屋市中区の名古屋スポーツセンターで

1
運命の糸に導かれ

氷を駆る　小さな申し子

九州の玄関口。海沿いに威容を誇る製鉄所群は、かつては内陸の筑豊炭田から産出される石炭をエネルギーとし、20世紀を迎えた日本の近代化に大きく寄与した。近年まで四大工業地帯に数えられていた北九州市に、日本フィギュアスケート界のレジェンドは、夫と暮らす。

「昔のことで私も随分忘れちゃっているので、できれば先生に話を聞いてからいらしてください」

その返答の通り、まずは山田満知子の取材を終え、２０２４（令和６）年1月、最寄りの小倉駅に降り立った。２０２２年に風情漂う旦過《たんが》市場が大規模火災に見舞われたが、その繁華街とは反対、海側へ歩を進めると、視界に西日本総合展示場の大きな建物が飛び込んでくる。この一角で冬期のみ営業している北九州アイススケートセンターで、伊藤みどりは子どもたちに教えている。

教室が始まった。参加者のレベルはさまざま。スケート靴を履いたばかりの小さな子から、転ばずに進める少し大きな子まで。そんな小学生たちに交じるみどりも小柄だ。そう、昔も外国勢に比べ、とびきり小さな体を存分に躍動させていた。高くて豪快なジャンプを跳びまくって、世界を驚かせたものだ。

変わらないのが、もう一つ。これまた世界を魅了した「スマイル」だ。２組に分かれてリレーが始まった。遊びながら氷に親しむ。同じチームの子どもからタッチを受け、みどりは猛然とダッシュ。鮮やかにカーブを曲がり、自在に氷上を駆った。

「今でも滑る方が楽ですね。普段の道も全部、氷だったらいいのに。歩くの面倒くさい」。54歳となったスケートの申し子は、いたずらっぽく笑った。そして教室が終わると、半世紀前に始まる満知子との思い出のページを、懐かしそうにめくり始めた。

伊藤みどりさん（中央）のスケート教室に通う子どもたちと、はいポーズ！＝2024年1月、北九州市で

遠くでじっと見る少女

物語は満知子のホーム、名古屋・大須から始まる。
「銀盤の妖精」ことジャネット・リン（米国）が世界中を魅了した札幌五輪の1年後、1973（昭和48）年。その華やかな残り香が、日本中のスケートリンクに漂っていたころだった。

4歳の少女は時々、名古屋スポーツセンターへやって来ていた。自宅近くのリンクでスケートの経験があった両親とともに休日を楽しんで以来、その面白さに引き込まれつつあった。最初はもちろん、ブレード1本の靴で氷の上に立つのがやっと。でもめげずに力の加減を覚えると、スーッと前へと進むようになる。その感覚がたまらない。やがて混雑する日曜日のリンクを、人の間を縫ってチョコチョコと滑るようになっていた。

そんな時、リンクの一画を占める子どもたちの集団が目に留まった。小さな女の子たちが氷上でクルクルと回転すると、かわいらしいスカートが花びらのようにパッと鮮やかに広がった。「私も、ああいうふうにやりたい」。そんな思いに胸を焦がしながら、じっと観察していると、女の子たちに声を掛ける一人の女性がいることが分かった。「きっとフィギュアスケートの先生だ」。そう、満知子だった。

滑って、跳んで、回って。なかなかうまくいかない子が、彼女に教えてもらうと、だんだんできるようになっていくのだ。まるで、魔法をかけられたように。

「ああ、いいな。私も教えてもらえたら、きっとそういうふうにできるんじゃないかな。自分もああいうふうになれたらいいな」

それが満知子とみどりの出会いだった。もしみどりが大須に住んでいなかったら、もし両親にスケートの嗜《たしな》みがなければ。名伯楽と天才の人生が交錯することがなかったかもしれない。だとすれば、やっぱり2人は運命の糸で固く結ばれていたのだろう。

高い能力　みるみる成長

世の中がオイルショックに右往左往していたころ、名古屋・大須のリンクで満知子とみどりは遭遇した。

「随分と昔のことなので、はっきりとは覚えていませんが」。前置きした満知子は、出会ったころのみどりの残像を記憶の小箱から取り出す。自身が生徒に教える輪の外からじっと目を凝らし、耳を傾け、見よう見まねで再現する少女がいた。

フィギュアスケートに魅入られつつあったみどりは、両親にせがみ、まずはリンク主催のスケート教室へ参加した。やる気満々の幼稚園児は、特別に小学生のクラスに入れてもらい、滑るイロハを学んだ。

初級、中級、上級と順調にレベルを上げて「卒業」。小学生になると晴れて「山田グループ」の一員に。すぐに満知子は感心した。

まずは運動能力の高さ。「スポーツ的な能力と言うんですか。ジャンプ力とか、スピードとか」。そして、教えてもらったことをすぐに体現できる力も出色だった。氷上こそが、最も輝ける場所だと胸を張るように。

「勘のいい子、頭のいい子。学校の成績は良くないですよ、ハハハ。よく言うじゃないですか。一を言えば十を知るって。ちっちゃいのに、言われたことを本当によく理解する。だから、どんどんと伸びていきましたよね」

乾いたスポンジが水分をみるみるため込むように、満知子の指導をみどりは吸収していく。教える方も、教えてもらう方も、こんな幸せな関係はないだろう。その上で、さらに後の名コーチをうならせる空気をまとっていた。

「しっかりとした子だったね。小学1年生にしては『すごいな、この子』って感じ」

貪欲に　機は逃さない

三十路《みそじ》に入っていた満知子が、小学1年生のみどりから、最も衝撃を受けた点。「ちっちゃいのに、しっかりとしている」。言い換えれば「芯」の強さか。それは、運動神経や氷上での適応力といった天賦の才を上回るものだった。

「フィギュアスケートを習っている子って良いところのお嬢ちゃん、お坊ちゃんが多かったですから。だから何て言うのかな、教育熱心なママが多くて、どうしても子どもはその陰に隠れてしまうという感じでした。特に昔はね」

モジモジしている子どもの中で、みどりは一人はっきりと物を言い、きびきびと動いた。とにかくそれが印象的だったという満知子の言葉を伝えると、みどりは当時の胸の内を吐露した。

「貪欲さはすごくあった。スケートを習える環境じゃなかったから。小さい時は」

ご存じの通り、フィギュアはお金のかかるスポーツだ。高価な靴などの用具代の他、上達すれば個別レッスンを重ねたり、リンクを貸し切ったり。だから満知子が話すように、この競技には自然と裕福な家庭の子どもたちが集まってきていた。だが、みどりの家は違った。

「そんなにたくさんスケートを習える、先生に習えるという環境ではなかったので。だから、教えてもらえる時は、しっかりと集中していました。分からない時は、先生が他の子を教えているのを見て『ああ、先生はああいうふうにやっているんだ』とか。結構、盗みながらやっていましたね」

経済的なハンディを補う貪欲さ。教えてもらうことへの飢餓感とでも言うのか。小学1年生のちっちゃな体に収まり切らないフィギュアへの情熱が、若きコーチの心を打った。

リンクが楽しすぎて

晴れて満知子の門下生となった小学生のみどりは、その教えを貪欲に吸収し、みるみる上達していった。

「規定（氷上を滑走して課題の図形を描く種目）は難しかったですが、ジャンプしたりスピンしたりはすごく楽しかった」

寝ても覚めてもフィギュアスケートのことばかり考えて。もう虜《とりこ》だった。その「愛」は度を越していく。

「小学校から怒られたんです」。早朝、リンクで満知子の指導を受けてから登校していたが、その日はそのまま勝手に残って滑り続けていたのだ。

「学校へ行くよりも氷の上にいたくって」。当然「みどりちゃんが来ていないんだけど、どうしたんだ」と騒ぎになる。小学校の先生たちが捜索する間、一人悠然と氷上を舞っていた。やがて発見され、こってりと絞られた。

「『義務教育中は学校へ行かなくちゃいけないんですよ』と言われちゃって」。当たり前の指摘を受けたことを、恥ずかしそうに振り返る。

フィギュアに熱中する小さなみどりの姿を、満知子もよく覚えている。

「そりゃあ、楽しいんじゃないですか。みんなより、どんどん上達していきますし。例えば日曜日なんか、混雑したリンクで彼女がジャンプしたりスピンしたりすると、一般のお客さんがワーッと言って手をたたく。子どもとしては大得意じゃないですか」

満知子から受けるレッスンは大体、20～30分ほど。あとは自由に。4、5時間滑ることもあった。リンクに行けばスケート仲間とも会える。「そこでは、自分が解放されている感じがすごく強かった」。みどりは大切な居場所を見つけたのだ。

分かりやすく、一緒に

小学生のみどりをどんどん上達させていった満知子の指導法とは、いったいどんなものだったのか。

「いやあ、みんなと一緒でしたよ。そりゃあ」。コーチ本人は、特段変わったことはしていないと首をひねる。

ならばと、みどりに聞いてみると「すごく分かりやすかったです」と話す。その特長の一つが「体を使って」教えることだった。満知子のレッスンでは子どもたちの手を引いたり、二の腕をつかんで一緒に滑ったり。「結構な力でつかまれるので、まあ痛くって」と懐かしむ。

「子どもって、口で言ってもなかなか通じないじゃないですか。言葉で教えられても『エッ？』っていう感じで。だから、こんな感じとか、こういうふうとか、体で覚えた方が理解しやすい」

子どもたちの腕を持って指導する山田満知子さん＝1992年、名古屋市中区の名古屋スポーツセンターで

その説明を聞き、ハッとした。以前、満知子は幼少期、明治生まれの父親やスケート連盟の人たちから理論中心の威圧的な指導を受け、へきえきとした経験を明かしていた。そんな苦い記憶を他山の石とし、自身の指導に反映させていたのだろうか。

みどりは続ける。「できると、しっかり褒めてくれる。できないと『今はこうだったよ』と指摘してくれた。先生はどちらかというと、リアクションが大きいので」

例えば、新たなジャンプが跳べるようになると「じゃあ続けて2回跳んでごらん、3回跳んでごらん、じゃあ10回跳んでごらん」と。跳ぶたびに「はい1回、はい2回」と合いの手を入れ、目標の回数に到達すると「ヤーッ」と言って一緒に喜んでくれた。

エキシビションのアンコールで、ダブルアクセル（2回転半ジャンプ）を何度も連続して披露していたのも、その楽しい思い出の名残だ。そんな満知子の導きに、みどりは「自分もエネルギーが湧いてきた」と振り返る。

個性は才能　邪魔しない

みどりの真骨頂。それは一も二もなくジャンプだ。高くて、豪快。その質の素晴らしさは、もはや伝説のように語り継がれている。

では跳べる人の感覚とは、一体どのようなものなのか。本人に直球勝負で尋ねてみると「ちょっと大げさに聞こえるかもしれませんけど……。イチローさんとか、大谷さんもそうかもしれませんが」。米大リーグで無二の活躍を見せた逸材たちの名前を挙げて、明かしてくれた。

「ジャンプに関しては、コツみたいなものは自然に。教えてもらわなくても持っていましたね。

それを、自分ができるものを人に教えろと言われても、その感覚はなかなか伝えられなくて」

まさに天賦の才と言ったところだろう。ただ、続く説明が重要に思えた。「私のジャンプって、こういう跳び方をするんです」。踏み切った軸足に、もう片方が「数字の4」に見えるように重なる。いわゆる「巻き足」をつくってみせてくれた。

「ジャッジの人たちからは汚いから伸ばしなさいって、よく言われたんですけど。でも先生は『その子の特徴だから、それでバランスが取れるのであれば』と変えなかった。一番、跳びやすい形だからできるんだ、美しさは年を取ればついてくる、と」

満知子の指導方針は、子どもたち一人一人の特徴を尊重し、個性の邪魔をしないというものだった。そう、みどりは振り返る。

「空中での姿勢とかバランスって、微妙なものなんです。ジャンプって1秒も跳んでいないので。そういうところの見極めは私だけじゃなくて、どの子にも言えるもの。先生は個性を引き出すのが上手。だから、ある程度才能のある子は伸びてくるんじゃないかな」

そして、しみじみと言う。「昔、跳び方を直されていたら、きっとトリプルアクセル（3回転半ジャンプ）までいけなかったと思いますね」

試合へ　練習を発揮しに

　満知子と運命的に出会ったみどりは、水を得た魚のごとくフィギュアスケートの道を精進していく。２人の快進撃が始まった。

　１９８０（昭和55）年は、その一里塚となった。小学４年生の終わり、３月の全日本ジュニア選手権で優勝。５年生となった秋のＮＨＫ杯に本来なら年齢制限で出場できないところを特別招待され、その存在がテレビ電波に乗って広く知れ渡った。

　そんな活躍も、当時のみどりにとって純粋な「楽しみ」でしかなかった。それは、満知子の姿勢が強く反映されていたからとも言える。

「東京などへ、たくさん試合に行けるようになりました。ただ自分の練習したものを新幹線に乗って、富士山を見て発揮しに行く。順位が5位なのか10位なのかは、別に先生には怒られなくて。練習してきたものを発揮できれば、『それでよし』と」

　反対に、たとえ優勝したとしてもスピードが不足し、ジャンプを失敗した試合などでは、き

小学5年生の伊藤みどりさん。快進撃が始まった＝東京・品川で

つく注意された。それでも、基本は「元気よく滑ってらっしゃい」と送り出されたという。「そんな感じで小学生時代は、自由に好きなように。あんまり凝り固まらず、やらせてもらいましたね」

フィギュアの面白さを教えることが、「普及型」と自負する満知子の指導の一丁目一番地。みどりにも体現していたエピソードだ。

そして12月、世界ジュニア選手権に史上最年少の11歳で日本代表として出場した。2人にとって初の海外遠征、行き先はカナダだった。

「楽しかったあ」。当時の思い出を聞くと、みどりは開口一番、破顔一笑した。何がかと問えば「雪遊びしたこと。パウダースノーの上に、バタッと倒れてね」と。満知子の長女で同い年の美樹子に借りた雪用ブーツを「ベチャベチャにして」とまくしたてた。

どこにでもいそうな小学5年生は、しかし、その思い出の地で強烈なインパクトを残すことになる。

自由に　世界で跳びはねた

2人にとって初の海外遠征だった1980年12月の世界ジュニア選手権。小学5年生のみどりがカナダのパウダースノーに大興奮していたころ、満知子の胸は感謝の気持ちであふれていた。

「まず、お金がなかった。今のようにスケート連盟が全部やってくださるような時代ではなかったですから」

必要とした多額の遠征費用にと、満知子が教える「山田ファミリー」の保護者たちが寄付金を集めてくれたのだ。

「自分の子は出られないんですけど、先生が頑張ってつくり上げていった伊藤みどりに対してね。あとはコスチュームをプレゼントしてくださったり。私のことも含めて、成功させてあげたいと思ってくれたのか、みんなが動いてくださって」

そんな満知子の思いを知ってか知らずか、みどりは存分に躍動した。「私にとって、成績とか関係ないので。初めて行く海外もうれしかったし、何百人という、そんなお客さんの前で滑ったこともなかったので」

苦手な規定は、いつも通りに「20位ぐらい」と出遅れたが、大好きで得意なフリーの演技で異国の会場を沸かせた。「その時、トリプルループまで跳んでいましたし、規定の出遅れから上り詰めていく感じだったので」

遠い日本からやって来た身長123センチのちっちゃな女の子が、アップテンポな曲に乗って、ビュンビュン滑り、ピョンピョン跳びはねている。リンク正面に座るジャッジの目前を滑ると、その小さな体はフェンスの陰に隠れてしまった。「だからジャッジの方々は、のぞき込むように見ていましたね」。みどりは思い出し、笑った。

笑っちゃうほどの逸材

初の海外遠征となった世界ジュニア選手権で、みどりは存分に跳ね回った。リンクサイドから見守った満知子も胸を張った。

世界に飛び出し、さらに熱心に練習に励む伊藤みどりさん＝1982年

「規定はいつも下の方ですが、フリーをやったら抜群にうまい。あの当時でいったらトリプルを跳ぶなんて、女子ではあり得なかった。それをビュンビュン跳んでいるのだから」

最も印象に残っているのが、放送した現地のテレビ局の解説者の表情だ。

「笑い転げているんですよ。『また跳びました！』って。向こうでもすごい話題に。『絶対にオリンピックチャンピオンになるよ、この子は』と。すごい、すごいってテレビでは言っていましたね」

観客席の盛り上がりに、みどり自身も大満足だった。「あっ、みんな喜んでくれるんだ。自分のやったことで」

フリーの躍進で、出遅れた規定20位から総合8位まで順位を上げた。

その翌週、帰国後に出場した全日本選手権でも注目の的だった。お姉さんたちを相手に、やはり規定は18位と出遅れながら、ショートプログラム、フリーともに1位の得点をたたき出す。11歳での総合3位の成績について、中日新聞は「昭和10年の稲田悦子さんの優勝に次ぐ歴代の好成績だ」と、12歳で五輪出場を果たしたレジェンドを引き合いに伝えている。ちなみに、記事中のみどりの談話にある「(広い)リンクの使い方はあまりうまくいかんかった」という名古屋弁がかわいらしい。

「日本に帰って来てから、一躍といいますか、スケート連盟が力を入れるようになりましてね」。満知子が振り返る通り、逸材の存在が世に知れ渡り、周囲が騒がしくなり始めた。

2 もう一人の娘として

いつの間にか山田家へ

小学5年生のみどりは、初出場した世界ジュニア選手権で鮮烈な海外デビューを果たし、直後のシニアの全日本選手権でも注目を集める存在となっていった。

「すごくちっちゃい、豆粒みたいな子が、ボンボン跳ぶし、すごいスピードで滑る。何て言うのかな。日本で、下手したら海外にも知られるくらいになりまして。それから、どんどん試合に出ていくようになって」

満知子は当時の急激な環境の変化を振り返る。そうなれば、普段の練習も早朝や夜遅くまでと、より熱の入ったものとなっていく。だが、みどりの母は働いており、十分なサポートが難しくなってきた。そこで満知子が手を差し伸べるのは「自然の流れ」だった。

「『きょうは泊まっていきなさい』なんて言っているうちに、居候というか、居座る形になって」

自然の流れ、と言うのには訳がある。もともと満知子の家には、みどりの他にも、指導する「山田ファミリー」の保護者や生徒らが頻繁に出入りしていた。古くは母幸《ゆき》が、遊びに来た子どもたちの友人を快く迎え入れていたように、今も住む実家には外に開かれた伝統があった。

「だから、みどりだけが特別という感じではありませんでした」

本当に気が付いたら、みどりが一緒に住んでいたという感じだったらしい。夫宏樹はニューヨークやロサンゼルスへと単身赴任が重なり、長く家を空けていた。

「主人が『俺が帰って来た時、みどりはもういたよ』って言うぐらい。きょうから『お父さん、よろしくお願いします』という感じではなかったような気がしますので」。時の流れに身を任せる。言い換えれば、これも運命だったのかもしれない。

「態度の大きい」居候

リンク上での大活躍が世界から注目され始めたころ、みどりはいつの間にか満知子の家に「居候」するようになった。

「よく皆さんに『親と離れて寂しいでしょ?』とか聞かれましたけど、『いや別に、まったく』みたいな」

より高いレベルで競技を続けていくための満知子の気遣いだと分かっていたし、存分にフィギュアスケートに打ち込める環境に置かれ「ヤッター！　楽しい」と心は躍った。

「家に帰ればチチ（父）もいるし、きょうだいもいるし、おじいちゃん、おばあちゃんもいる。だから寂しい思いをしたことは正直なくて」

「チチ」とは満知子の夫宏樹、「きょうだい」とは長女の美樹子、「おじいちゃん、おばあちゃん」は満知子の両親だ。

「スケート連盟の人たちなんか『まあかわいそうに。先生の家にいて、気を使うんじゃないの』とか。丁稚《でっち》奉公じゃないけど、そういうふうに思われて。でも、それは１００％なかったね、へへへ」

名古屋の満知子が苦笑を浮かべると、北九州のみどりは照れ笑いで返した。

「山田家に入っても、私が一番態度が大きかったぐらいでしたから」

満知子も宏樹も実の娘のように均等に接してくれたからと、みどりは理由を明かす。それでも他人の家で暮らすことになれば、無意識に遠慮や気苦労が生まれてしまいそうなものだが。

「家に帰れば甘やかされたというか。私が遠慮しないようにと、させてもらっていた環境でした。でも、他の人から見れば『もっと遠慮しろよ』って感じですよね」

どれだけ居心地が良かったのだろう。

ウマが合う　平等なチチ

よりフィギュアスケートに注力するため、一緒に暮らすようになったみどりに対して、実の娘のように接していた山田夫妻。みどりが「チチ、チチ」と言って慕っていた夫宏樹の行動を、満知子は思い出す。

夫妻には一人娘の美樹子がいた。活発だったみどりとは対照的に、実におっとりとしていた。2人は同い年だったが、どちらかというとみどりが姉、美樹子が妹のような関係だった。「うちの子は一人っ子だったから。みどりは何でもパッパッパッとやっちゃう。要領もいいんです」

宏樹が運転する自動車でどこかへ行く時も、みどりはパッと走って隣の助手席へスルリと座ってしまう。後から来る美樹子は、いつも後部座席で満知子と並んだ。

そんな実の娘を不憫《ふびん》に思った満知子は「たまには美樹子を隣に乗せてやってよ」と頼んだことがあった。すると宏樹は「それなら、美樹子も早く来て乗ればいいじゃないか。みどりが勝手に早く来て、乗ってくるんだから仕方がない」と。あくまでも「早い者勝ち」という平等を貫いていた。

「主人とみどりは仲が良かったですよ。私がやきもちを焼くぐらい。やきもちというか、実の娘がいるのに、と思うような。今でも電話は私ではなく、主人にかけてきますね。『先生どうしてる？　忙しそう？　じゃあ話すのやめた方がいいね』って」

こういう接し方なら、みどりが山田家で「寂しい思いをしたことがない。私が一番、態度が大きかったぐらい」と明かし、遠慮や気苦労と無縁だったのにもうなずける。

おっとり型　同い年の「妹」

山田家へ迎えられたみどりは伸び伸びと暮らしていた。そんな子ども時代の日々を振り返り、感謝してもし足りないのが夫妻の長女、同い年の美樹子に対してだ。

「美樹ちゃんはすごくいい子で。もし私が反対の立場だったら、やきもちを焼いていたと思うんです。母親を取られた気分になって」

ところが美樹子に、そんな素振《そぶ》りはまったくなかったという。要領の良いみどりと正反対。おっとりとしていた美樹子の様子を端的に表すエピソードを、満知子も明かす。

「電話が鳴れば、みどりはパッと駆けつけ『もしもし』と出る。そして美樹子に『たまには出てよ、私ばっかりじゃん』と言って怒る。２人はそういう感じなんですよ」

一人っ子だった美樹子にきょうだいができた、それもしっかり者の姉が。そう考えていた。

実際、とても仲が良かったし、2人の「娘」を育てる満知子も心を砕いていた。

「みどりを実の子どものように扱っていましたから。親類の集まりも全部、自分の子どもとして連れて行ってました」

例えば娘の美樹子に親戚から頂き物があっても、みどりと平等に分けた。一つだけもらえば「じゃあ、ジャンケンで」となる。ただし、勝つのはいつもみどり。それだけは不思議だった。

そうやって分け隔てなく育てながら、もちろん、全てが同じではなかった。

「美樹子に対しては実の娘ですから、愛情はあふれ出ていると思うんです。みどりは、国が大事にしているスケーター。そういう使命があるでしょ。私にもスケーターとして一流にしなければいけないという使命があったし、みどりも多分、そうなりたいと思っていたはず」

満知子が美樹子とみどりに注いだ、それぞれの愛情。それは、比べるべきものではなく、いずれもが、深い。

山田家で伸び伸びと暮らした伊藤みどりさん
=1984年12月

「先生」は帰れば「ハハ」

世界からも注目を浴び始めたみどりを、よりフィギュアスケートに専心させたいと自宅で預かることにした満知子だが、その際に心を配ったのは競技自体や経済的なことだけにとどまらない。

基本的な生活習慣を正す。最初の壁は食生活だった。

みどりも「私は結構、好き嫌いが多かった。カップラーメンとかしか食べなくて」と明かす。一流アスリートとして、栄養の偏りなくバランスの良い食事を取らせる。食わず嫌いだったみどりが何とか口に運ぶように、献立を工夫した。

「少しずつ、いろんなものを健康的にと。同い年の娘さんを育てるのと、同じようにしてもらいました」と感謝するように、いつの間にか食べることが大好きになった。

ところで、みどりは満知子の夫宏樹のことを「チチ」と呼んでいたが、満知子のことも「ハハ」と呼んでいた。ただしリンクに行けば、それは「先生」に変わった。

満知子とみどりの関係は、家では実の母娘のようだが、氷上に立てば一流スケーターに育てるという使命感を胸に、どうしても厳しくなる。

「その切り替えはしっかりとしていましたね。先生は」。だからみどりも、リンクで叱られて鬱々《うつうつ》となった気持ちを、家に持ち込まないよう心掛けた。そのスイッチが「先生」と「ハハ」だったのかもしれない。

「もともと先生は家庭を大事にしていて、夕食も家族みんなで食べていた。教え子がだんだん強くなって、全国レベルの試合に出ていくようになり、仕方なくスケート場にいる時間が増えていった」

そんな満知子は、よく「家庭が幸せじゃないと、良い仕事はできない」と言っていた。「先生の格言ですね。私も今、そう思って生きています」とみどりはうなずいた。

中学生　難しい年ごろ

山田家に住み始め、大好きなフィギュアスケートに熱中していたみどりにも、他の子どもと同じような時期が訪れる。体と心が次第に変化していくとともに、「反抗期」が到来した。

「中学生になるころ、だんだん太ってきました」。満知子の献身で偏食が解消されたことと、第2次性徴が重なった。ジャンプを跳ぶスケーターの、誰もが経験する悩みだった。練習中に右足首を骨折してしまう。

けがが完治しても、今度は心にモヤモヤしたものが湧いてくる。「先生の期待に応えていくのが、すごく苦しかったですね」。海外遠征も増え、実績を積むたびに、楽しくやっていた練習も義務感から負担となっていった。

「私はどちらかというと元気で、天真らんまん。その時の調子の良さでやっていたから。大体80%ぐらいできれば『よし』という感じで。でも先生は『１２０％でやらないと、１００％のものはできない』というふうだったから」

確かに満知子は、過去の中日新聞の取材でも「ジャンプを10回跳んだら、12回降りなさい。それぐらいの気持ちで練習しなければ試合で決めることはできません」と説いている。

思春期に入ったみどりとのぶつかり合い。「ありました、ありました」と満知子も、苦笑とともに振り返る。

「成長期でね。足を疲労骨折したり、入院もしたりしていましたし。結局、足が痛い、痛いって言うんです。偏食のこともあるじゃないですか。だから栄養士さんがついてくださったり。ダイエットしないと太っちゃうとか。いろんなことが

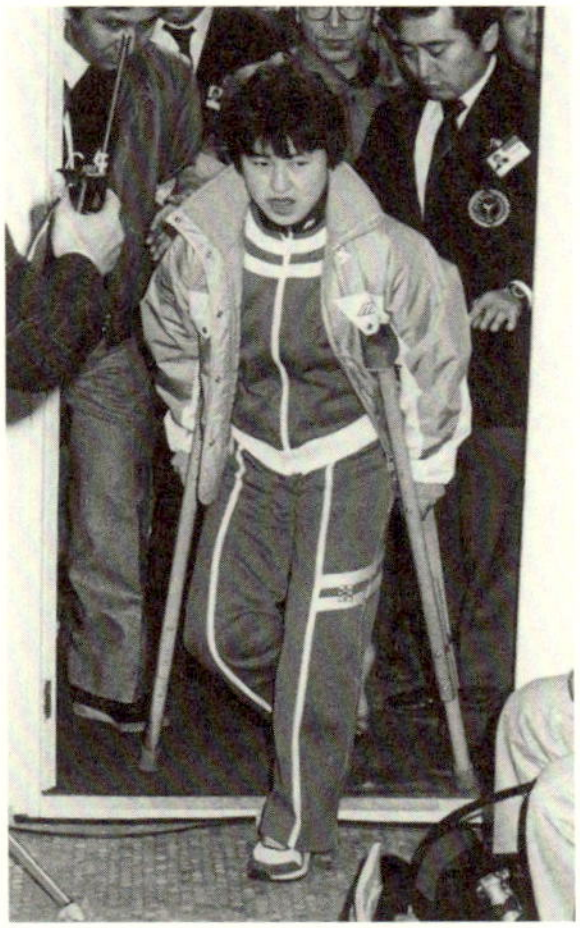

現役時代、何度もけがに悩まされた伊藤みどりさん。中学3年では右足首を骨折し、世界選手権を棄権した＝1985年3月、東京・国立代々木競技場で

ありましたね。山ほどありましたね。けんかしてね、ハハハ」

では、そんな時は「どうされたんですか」と満知子に対応を尋ねた。「どうもされない。他のお家《うち》と一緒です」。ただ子どもと、粘り強く向き合うだけだったと。

諭され反発　向かう先は

思春期に入り反発を繰り返すみどりを、満知子はいかに導いたのか。

「もちろん私は手を出すとか、そういうタイプじゃないので。コツコツと説明したかな。今もそうですけど。怒るとか、そういうのはなくて。まあ、みどりは怖かったって言うかもしれないけど。愛ある諭し、かな」

みどりも証言する。「先生は諭す。分からせる。懇々と朝まで。それこそ貸し切り練習の時間まで。『こうだから、こうでしょ、ああでしょ』って。寝ないで早朝練習に行ったことは何回もありました」

足が痛くて、やる気が出ない――。そんなみどりの訴えにも「足はやっぱりスケートで使うものだから、そりゃあ痛みは出るよ。あまりに痛かったら、ちょっと休憩すればいいし、頑張れるところまで頑張りなさいよ」とか。

「私のための諭しですから。私としては嫌なんですけど、それが自分のためになるというのは分かるので。分かるけど『もう嫌っ、やりたくないもん』みたいな」

葛藤がグルグルと頭の中を駆け巡る。いつも同じことの繰り返しで、答えが出ない。そんな時は、とっさに「家出」した。といっても行くあてもなく、家の近所をグルグルと歩き回るだけだが。「思わず飛び出しちゃったけど、外は暗いし、怖いし」

心を覆う、モヤモヤとした気持ち。発散させることができる場所は、やはりスケートリンクしかなかった。「リンクに行けば誰も文句を言わない。自由だった。どんなジャンプを跳ぼうが。そこだけが唯一、発散の場だった」

反抗の季節――。言葉にできない感情をぶつけるように、みどりは氷上に立っていた。

母さんは夜なべをして

大好きなフィギュアスケートが負担になりかけていたころ、みどりは満知子の指導者としての粘り強い「諭し」によって、揺れながらも競技と向き合っていた。厳しく、つらく感じる練習も「すべては自分のためだ」と何とか理解できたからだ。

ただ、その「理性」の部分だけで踏みとどまれたわけではない。満知子の「ハハ」としての行動が、みどりの「感情」を揺さぶった。

フィギュアの試合で着用するコスチュームは、成長するとともに専門の業者に注文するようになるが、小さいころは、お母さんが手作りするのも普通だった。満知子も自宅で面倒を見ているみどりの体に合うようにと、衣装を作り、せっせとスパンコールを縫い付けてくれた。

「『あんたのために夜なべしているんだから』とか『似合わないのに、こんなに苦労して』とか、ブツブツ言われながら。そういうことが、すごく印象に残っていますね」

みどりが明かしたように、字面だけ追えば悪態をつきながらにも聞こえるが、それこそが2人の距離の近さの表れだろう。遠慮がないところに、本当の「母娘」のような関係が垣間見える。

「私はスタイルが悪いので『ちょっとでもきれいに見えるように』って作ってもらえていたというのは、本当の母親のようでした。みんなも小さい時は、母親に手縫いで作ってもらうように」

と懐かしそうに振り返る。

「そういう時は、先生というよりも『お母さんがやってくれている』というイメージでしたね」。

コーチとしての「理」と、ハハとしての「情」。バランス良く併せ持つ満知子に、みどりは信頼と安らぎを感じていた。

近づく五輪　留学の誘い

ぶつかりあいながらも、満知子とみどりは前に進んでいった。
「私は世界から見たら独特なスケーターで、ましてや東京ではなく名古屋にいた。だから世界で活躍できるとか、五輪チャンピオンになりたいとか、そういうことは雲の上のように思っていました」

フィギュアスケートを始めたころの、みどりの本音。その「雲の上」の大舞台が、現実味を帯びて中学2年生の少女に近づいてきた。

世界ジュニア選手権で3位に入った伊藤みどりさん＝1983年12月、札幌市の真駒内屋内競技場で

年齢制限のため、14歳のみどりに１９８４年のサラエボ五輪の出場資格はなかったが、五輪前の世界ジュニア選手権で３位以内に入れば資格を与えられるという特例措置があった。１９８３年12月に札幌で開催された世界ジュニアで３位に入り、第一関門を突破した。

明けて１月、五輪代表選考会を兼ねた全日

本選手権が東京で開かれた。女子の出場枠は1。つまり優勝者のみ。ところが、世界ジュニア後に右足首を痛めた影響もあり、ショートプログラムのジャンプで転倒してしまう。フリーは1位だったが、総合2位で夢舞台の切符を逃した。

ちなみに、この敗戦が後の大事な伏線となるのだが、それはもう少し先の話だ。

注目度を増す「天才少女」を、周囲がほってておかなかった。日本スケート連盟から海外で学ばないかと打診があったのだ。

「みどりをもっと大きくするためには、海外へ出さなければいけない、ということでした」。その提案は満知子にとって複雑なものだった。生まれ育った名古屋にこだわり、地元の子どもたちに、フィギュアの素晴らしさをずっと伝えてきたのだから。

飛び立つか　迷わず決断

高校生になるころ、みどりにフィギュアスケートの「海外留学」の話が舞い込んだ。

満知子は大学進学時、迷いながらも上京せずに名古屋に残り、指導者として根を張り、フィギュア後進地だった地元で子どもたちとともに歩んできた。それが一番の教え子を「名古屋ではなく海外で」と言われれば、複雑な心境になるのは当然だろう。だが、負の感情をあらわに

中日新聞社を訪れた山田満知子さん㊧と高校3年生の伊藤みどりさん＝1987年11月、名古屋市中区で

することはなかった。

「みどりがちっちゃいころから、そういう話はいろいろあったの。東京へ出せとか。でも、誰がみどりちゃんの面倒を見るの？　ただ『こっちへ来い』と言われたって、というのはありました。でも、みどりが大きくなってからは、あとは本人次第だなと。自由、みどりの」

満知子は、みどりに決断を委ねた。そして、みどりは断った。打診してきた日本スケート連盟に対して、ほぼ即答だったという。

「その時、みどりがなんで行かなかったのかは、分かりません」。満知子の長らくの疑問を、みどりにぶつけた。

「私、先生の下を離れたら、帰るところがなくなってしまう不安があるわけで。スケートも上手になりたいけど、帰る家がなくなるのは……」

みどりにとって、満知子ら「家族」と暮らす山田家は、それほどかけがえのない「居場所」となっていた。

「自立する自信がなかったですね。まだまだ名古屋にいたかったですし、先生に教えてもらえることもあった。それまで反抗したり、わがままも言ったりしているから、先生も『いいかげんにしろよ』と怒っているんですけど。甘えているんですね。そこで、しっかりしなきゃと自覚しました」

ここで、名古屋で、一緒に頑張っていく。２人の絆がより強固になった、不意の出来事だった。

3　前人未踏の領域へ

初五輪　世界最高のフリー

　これまで通り、名古屋で満知子とフィギュアスケートの道を歩むことになったみどりは着実に実績を重ねていく。１９８５（昭和60）年1月、中学3年生で全日本選手権を初制覇。以後、8連覇を成し遂げることになる。

　春、地元の東海女子高校（現東海学園高校）に進学。学園生活を楽しみつつ、変わらずフィギュアに打ち込んだ。そして１９８８年、高校3年生の冬、カルガリーで五輪初出場を果たした。11歳で初めて海外へと出た、あの世界ジュニア選手権と同じ、思い出のカナダでの開催だった。満知子が「思い出がすごい。やっぱりね」と言えば、みどりも「伊藤みどりを世界中に知ってもらえた大会かな」と言葉を弾ませた。

　その理由を、みどりは続けた。「それまでプログラムにルールいっぱいの要素を入れて、完璧にできた試合はなかった。一つ二つはミスしてたんですね。それが五輪で、パーフェクトな演技ができた。成績とかより、その演技自体がうれしかった」

苦手とする規定は根気強く練習を重ねたかいあって、国際大会では自己最高の10位につけた。ショートプログラムも、すべてのジャンプを成功させ総合8位に浮上した。何より、会場の拍手と歓声と一体になり、自身が滑る喜びに満たされていることを満喫できていた。

残すはフリー。3回転ジャンプを次々と決め、最後のダブルアクセルを決めた時は、スマイル全開でガッツポーズ。滑り終えると、自然と涙が頰を伝った。

「自分としてはもう最高の出来です。こんなにうまくできるなんて……。もう最高です」。当時、中日新聞が伝えた談話だ。

総合成績は、五輪史上、フィギュア日本女子の最高タイの5位にまで躍進した。フリーの技術点だけなら、金メダルのカタリナ・ビット（東ドイツ＝当時）をも上回る。「世界最高」の評価を得たのだ。

「主観」の壁　ついに破った

18歳のみどりがフィギュアスケートの日本女子最高（当時）に並ぶ5位に輝いた、1988年のカルガリー五輪は、満知子にも忘れ得ぬ大会となる。

「初めて出た世界ジュニア選手権と同じカナダで、街を歩いていると『みどりはすごいね』って声を掛けてくださって。世界中にみどりの名前が、大きく知れ渡った時なんじゃないかな」

満知子にとってもコーチとして初の五輪の舞台だったが、例のごとく「うーん。取りあえず夢中。みんなが期待しているから、みどりのことをちゃんとしなきゃということだけで。感激とかはあまり……」と素っ気ない。それより、みどりの演技が「ついに」世界に認められたことに強い感慨を覚えていた。

というのも、ジャンプに関してはカルガリー五輪以前の国際大会でも「みどりの方がたくさん跳んでいたんですよ。なのに技術点が出なかったんです」と明かす。

「向こうは3回転ジャンプを1種類しか跳んでいない。こっちは3種類も4種類も跳んでいるのに『何で？』って。総合で負けるのはいい。でも技術点は上でしょ、うちが。みたいな感じだったんです」

6点満点だった当時の採点は、現在のよ

カルガリー五輪直前、山田満知子さん㊨は伊藤みどりさんが苦手とする規定の練習で懸命に指導した＝1988年2月、カナダ・エドモントンで

うに要素を細かく点数化しておらず、演技全体を評価していた。

「主観的な点数でしたから。例えばジャンプで劣っていても、『スケーティングがきれいだから技術は上』と逃げられてしまうわけです」

主観、先入観が大きく作用してしまいがちな採点競技。欧米中心に進んできたフィギュアに、後進のアジア、日本の選手が立ち向かうことの難しさ。その壁の厚さを痛感し、辛酸をなめてきた満知子たちにとって、「ついに」風穴をあけた瞬間でもあったのだ。

清く正しく元気よく

カルガリー五輪でのみどりの活躍について、持ち味でもあるジャンプを前面に押し出した満知子の戦略を高く評価する声をよく聞く。その点について問うと、本人は苦笑いを浮かべる。

「いやいやいやいや。別に芸術的なことを捨てたわけではないんです。やりたいんですけど、できないので。みどりもやっているつもりでしょうけど、やっぱりカタリナ・ビットらに比べると」

女王と呼ばれた東ドイツ（当時）の金メダリストの妖艶ともいえる演技。対して、みどりは何ができるのか。

「スケート連盟の人は『ああいうふうに滑らなきゃいけない』と言うが、同じようにしたら順位が下がっていっちゃう。だったら、うちはマーチの曲をかけて滑りましょうかって。まあ、さすがにマーチはかけませんでしたけど」

もちろん、みどりにバレエを習わせるなど努力は惜しまなかったが「やっぱり元気よく滑って、ジャンプを主体にした『スポーツの美』みたいな感じで逃げ切るしかなかったわけで」と振り返る。

同時に、みどりのリンク上での振る舞いも広く支持されていた。「皆さんにご挨拶《あいさつ》したり、選手同士のマナーとか、そういうのはすごく厳しくしつけていました」。そう、愛される選手を育てることが満知子のモットーだったから。

世界は東西冷戦のさなか。国威発揚にスポーツが利用されがちな時代だった。演技前の氷上練習でも、ライバルを妨害するのも当たり前。そんな中でも、みどりはクリーンな姿勢を貫いた。

ある試合で他国の選手がみどりの邪魔をするようにぶつかると観衆からブーイングが起こり、逆にみどりへの拍手と歓声が会場に広がった。

「いつもちゃんとしていたら、お客さんにも分かるんです。『お天道様は見てくれている』じゃないですけど」。愛らしいスマイルと清廉さで、みどりは観客席をも味方につけていった。

挑戦　ワクワクを求めて

カルガリー五輪で5位入賞を果たしたみどりは、さらなる飛躍を目指し、いよいよあの大技に挑むことになる。契機は五輪後、トップ選手とともにエキシビションを披露して各地を巡った世界ツアーだった。

カルガリー五輪の男子金メダリストのブライアン・ボイタノ（米国）や銀のブライアン・オーサー（カナダ）ら、今まで仰ぎ見ていた選手と世界を回る。それだけで心が躍ったが「その人たちが練習で、キャーキャー言いながら跳んでいる。『そうだ、そうだ』って」。それがトリプルアクセルだった。

アクセルは唯一、前向きで踏み切る特殊なジャンプ。「そこで思いました。帰ったら、やろうと」。女子ではまだ誰も成功していないトリプルアクセルへの挑戦を決意し、帰国の途についた。

報告を受けた満知子は特段、反対しなかった。「どうだったかな。できると思ったかは分か

カルガリー五輪祝勝会兼世界選手権壮行会で乾杯する伊藤みどりさん㊧と山田満知子さん＝1988年3月、名古屋市内で

らないけど。ただ、けがだけは気を付けていたかな。やっぱり無理するでしょ。新しいジャンプは」

満知子自身は、みどりの類いまれなジャンプの能力を考えれば、この大技を習得せずとも、このままで十分に世界に通用すると考えていた。それでも、その希望に疑義を挟まなかった。「みどりは、ワクワクするものを練習したいんじゃないかな。より難しいものというか。それも『これなら点数が出せるから、やった方がいい』ということではなくて。みどりは、みんながあっと驚くようなことがやりたいばっかりの子だから」

前進するためのモチベーションは「勝利」ではなく「挑戦」。みどりの思考回路を十分に理解しているからこそ、安全だけを留意して見守ることにした。

これだけは跳びたくて

女子初のトリプルアクセル成功を目指すことを決めたみどりだが、決してとっぴな挑戦だったわけではない。勝算は十分に感じていたのだ。

話は4シーズン前へ遡《さかのぼ》る。1984年のサラエボ五輪の代表選考会も兼ねた全日本選手権。1枚の切符を懸けた戦いにみどりは敗れるのだが、原因はアクセルジャンプにあった。ショートプログラムのダブルアクセルで転倒。この失敗が響き、フリーで1位になりながら総合では2位に終わった。

「いくら3回転が跳べても、コンビネーションが決まっても、ダブルアクセルを失敗したから、結局は負けて、五輪に行けなかった」

たかがアクセル、されどアクセル――。唯一、前向きに踏み切る特殊なジャンプの怖さを痛感。ターニングポイントだった。真正面から向き合い、完璧に跳べるようになった。弱点克服がジャンプへの揺るがぬ自信へつながり、1988年カルガリー五輪でのノーミスの演技へと昇華した。フリー最後のジャンプを決めガッツポーズをつくるのだが、それがダブルアクセルだった。

そんな下地があったから、トリプルアクセル成功も夢物語ではなかった。さらに満知子の「ワクワクするものを練習したいはず」との考察通り、みどりは挑戦を欲していた。「結局、マンネリ化していたので。(3回転ジャンプで最も難しい)ルッツも跳べていたし、練習に何の新鮮さもね。バレエの先生にも習い出していましたが、急には優雅になれないし」

得意なジャンプで突き抜けたい。「だから、すごく練習しましたね。トリプルアクセルだけは。練習嫌いだったのに。本当に跳びたくて。そうしたら、3カ月ぐらいで跳べるようになりましたね」。軽やかな口調だった。

快進撃　時は満ちたが

１９８８年２月のカルガリー五輪後、トリプルアクセル習得に着手。わずか３カ月で「跳べるようになりました」と明かすみどりは五輪と同じ年の11月２日、愛知県フリー選手権で競技会では女子初の成功を遂げる。

11月末のＮＨＫ杯でも成功。国際競技会で初の快挙だった。目の覚めるような快進撃。期待感がどんどん高まる中、翌年３月の世界選手権（パリ）へと突き進んでいく。

「みんなが『日本人初の優勝も夢じゃない』と言い始めた感じで。スケート連盟やプレスの人たちが言ってましたね。アクセルはそのころが、一番良かったんじゃないかな。確率とか。私もプログラムに入れることに、あまり躊躇《ちゅうちょ》はなく、『やろう』と」

満知子も手応えを感じていた当時を振り返る。追い風となったのは、ルールの変更。苦手としてきた規定の課題数が減ったのだ。その規定自体もみどりは練度を高めており、１月の全日本選手権で初めてトップに立っていた。

愛知県フリー選手権でトリプルアクセルを決めた伊藤みどりさん＝1988年11月2日、名古屋市南区の富士スポーツセンター（現在廃止）で

加えて、カルガリー五輪金メダルのカタリナ・ビットら上位選手がプロに転向しており、躍進できる可能性は高まっていた。まさに、時は満ちた。夢の大技を携え、いざ「花の都」へ乗り込んだ。

みどりが「まあまあできた」と振り返った規定は6位で、オリジナルプログラム（1989〜92年シーズンのショートプログラムの呼称）は1位の滑り。総合3位と好位置に付け、フリーを迎えた。その日の朝の練習。なぜか、体が重い。周囲が期待する、日本選手初の「世界一」に手が届くところまで来ている実感が、重圧となって襲ってきているのだろうか。

ここで跳ばないなんて

3位の好位置で最終のフリーを迎えた、1989年3月の世界選手権。当日の朝、パリのリンクでみどりは表情を曇らせていた。プレッシャーからか練習の調子が上がらない。途端に周囲がざわつき始める。焦点は、トリプルアクセルだった。

男女通じて日本選手初の金メダルは射程圏内。「スケート連盟の人たちは『トリプルアクセルを跳ばなくても、今までのルッツで堅くいけば、絶対に世界チャンピオンになれるよ』。そういうアドバイスでしたね。もう世界チャンピオン、世界チャンピオンって」とみどりは振り返る。

ここまできているのだから、その助言もうなずける。では当の本人の胸中は。

「ヤダヤダヤダヤダ！　他のジャンプが失敗しても、絶対にトリプルアクセルだけは跳びたい」。垂れ込め始めた暗雲。満知子の言葉が吹き飛ばした。

「好きなように、楽しんでらっしゃい」

リンクに立ったみどりは、スピードに乗った滑走から高く跳び上がり、着氷した。世界選手権で女子初のトリプルアクセルを決め、９人のうち５人のジャッジが技術点で満点の６・０を付けた。その光景を「女子では過去に例がない」と当時、中日新聞が記したように、文句なしの優勝だった。

「そういう方が、私は力が出るというか、興奮するというか、ガッツが出るというか、パワーが出るというか。あれでトリプルアクセルをやめていたら、チャンピオンになれなかったと思いますね。アクセルがあったから世界チャンピオンまでたどりつけた」

みどりは、しみじみと語る。そんなみどりの性分を、満知子は知り尽くしていた。

1989年世界選手権の金メダルを手に帰国した伊藤みどりさん＝成田空港で

4 苦しみの先に

世界一　追われる立場

女子では他に誰も跳んでいないトリプルアクセルを決めての、日本勢初優勝だった。1989年の世界選手権。19歳の伊藤みどりは衝撃的な形で頂点へと駆け上がった。

「私、あんまり順位って。うれしいなとは思ったけど、何と言うのかな、みんながすごく喜んでいるから、すごいんだと思うぐらいで」

結果にこだわらない満知子らしい感想。それよりも、この大会を境に変わった空気感の方が印象深い。

「みどりとの距離。離れていくわけではないんだけど、どんどん違う世界へというか。世界チャンピオンだから。外国からも取材が来るようになったり。どんどん変わっていくんです」

喜びはまた、苦しみの始まりでもあった。周囲の期待は当然、3シーズン後の1992年ア

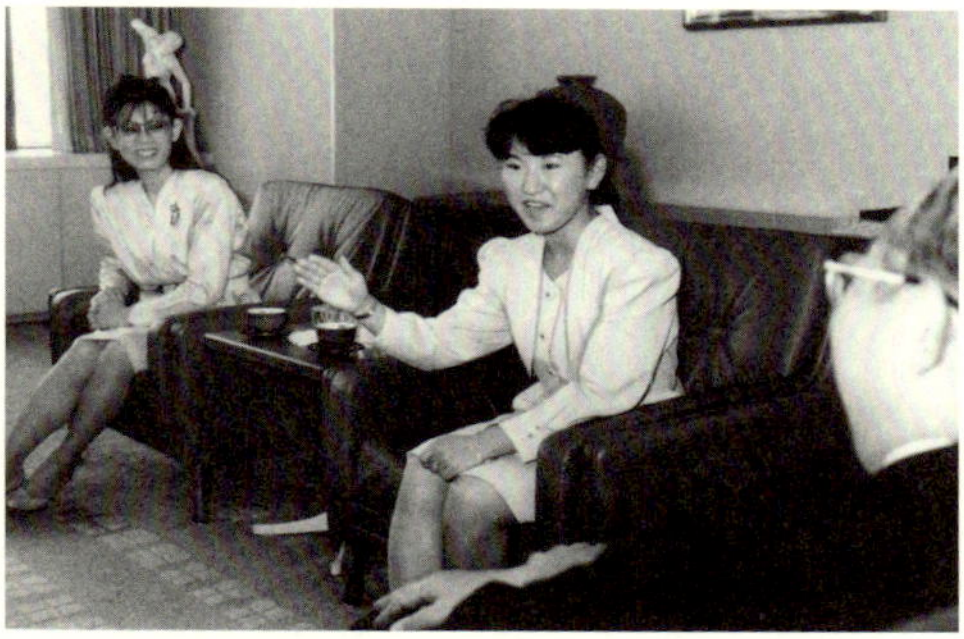

中日新聞社を訪れ世界選手権の優勝を報告する伊藤みどりさん㊥と山田満知子さん㊧＝1989年4月、名古屋市中区で

ルベールビル五輪での金メダルへと膨らむ。追うよりも、追われる方がつらい。みどりは振り返る。

「次のシーズンはまだ大丈夫でした。世界選手権で優勝したけど、トリプルアクセルはきれいに着氷できなかったので、完璧に跳びたいという思いだけで1年を過ごしました。でも、その後の2シーズンは本当につらかったです」

そして、ルール変更が歯車を狂わせる。１９９０年の世界選手権を最後に、苦手とする規定が廃止されたのだ。本来なら追い風となるはずだった。

「これは臆測ですけど」と断り、満知子は語った。

「みんなは『有利になったから、五輪はみどりが断トツで1位よ』と言う。私たちもそう思っているし、みどり自身もそうでなくてはいけないと思っているから。追いかけていく立場じゃなくなったってことだよね。やっぱり、みどりにとっては、試合の楽しさがなくなってきたというのかな」

初めてのプレッシャー

追う立場から、追われる立場へ。１９９２年のアルベールビル五輪が近づくにしたがい、みどりから笑顔が消えていく。

「すごいプレッシャーの中で、足も痛いし、追い詰められていました。これもやらなきゃいけない、あれもやらなきゃいけない。知ってます？　オリンピックだけフリーのプログラムが違うんですよ」

五輪では、そのシーズンに使っていたフリーの曲を本番に向けて変えたと明かす。

「そのぐらい試行錯誤していたんです。ブラッシュアップ、ブラッシュアップ。それについていくのに必死。もうアップ、アップ、アップでした」

そんな状況で「リンクへ行きたくない」ということが増えていく。五輪代表選考会を兼ねた全日本選手権へも「出場しない、五輪へも出ない」と言い出した。神戸の会場では公式練習が始まっていたが、満知子らが説得しても頑として聞き入れなかった。

満知子も諦めかけ、とにかく神戸へ行って話そうということになり、名古屋市内の山田家から名古屋駅へと向かった。その車中、みどりが突然、口を開いた。「やっぱり出た方がいいよね」。急いでスケート靴を取りに戻って、大会に駆けつけた。そんな騒動があっても、優勝を飾った。

「取りあえず（五輪に）出場させなければいけない。今から思うと、自分が無我夢中でしたから」。

満知子は当時の胸中を吐露する。

「私は、そんなことは言っていられない。だから、みどりのプレッシャーっていうのは分かりませんでしたね。プレッシャーなんてないから。プレッシャーをはねのけてきたから、今まで。スケートに対しても、頑張らなきゃいけないと思って、ずっと生きてきましたから。だからプレッシャーという言葉を、あまりよく理解していなかったのね。今なら『ああ、こういうことなんだ』となりますけど」

極限下、２人は2度目の五輪へと向かう。

五輪会場　迷える師弟

１９９2年2月、フランス東部、アルプスの麓で開催されたアルベールビル五輪の開会式にみどりの姿があった。大会最終盤のフィギュアスケート女子へ向け、早めの現地入り。当初は「絶好調でした」。公式練習でトリプルアクセルを跳び、その強さを印象付ける。金メダル「大本命」として、シナリオは順調に進んでいるはずだった。

ところが大会日程が消化されていくにつれ、次第にプレッシャーが襲ってくる。日本勢のメダルラッシュが耳に入ると、それははち切れんばかりに膨らみ続けた。並行するように、練習でジャンプの精度が落ち始めたのだ。

「だんだん緊張感が増して、跳べるものが跳べなくなる。体の歯車を直しきれなかったですね。何で跳べないんだろう。別に悪いところはないのに、みたいな」

オリジナルプログラムが近づくと、またも決断を迫られる。ミスが許されないオリジナルでトリプルアクセルを跳ぶか、否か。「あの時とは、ちょっと意味合いが違う」。満知子が指すのは、3シーズン前の世界選手権。フリーでトリプルアクセルを成功させ、日本勢初の金メダルを手にした「あの時」は、挑戦者であり、追う立場だった。

「連盟の人たちは『絶対跳ぶよ、みどりは』って言うけど。私は、これだけ跳べないとプレッシャーも出てくるだろうし、少なくとも、(3回転)ルッツでも1位か2位。トリプルアクセルをやれば断トツ1位」

そして、続けた。

「優勝するため、いや優勝というより、みどりが楽にっていうか……。みどりのスケート人生にとって、ここでトリプルアクセルを入れた方がいいのか」

跳びたい、でも「イチかバチか」に懸けるべきか。練習リンクへの移動のバスで、2人は逡《しゅん》巡《じゅん》した。最後はいつもの通り、みどりに任せた。「返事、ちょうだいね」。そう言った満知子に決断を伝えてきたのは、当日の朝だった。

ひとり悩み　運命の決断

オリジナルプログラム当日の朝、みどりは満知子に胸中を伝えた。「やっぱり、自分が跳びたいだけではダメですよね」。精度が上がらないトリプルアクセルの回避だった。

1992年から30年以上の時を経て、あの決断を振り返る。

「悩みましたね。でも先生が言うんです。みどりがやりたい方をやればいい。そして先生が『私が責任持つから』。あなたの責任じゃないから。みどりの決めたことの責任は、私が持つから』って。そういう言い方なんです。それは先生の優しさで」

だが、運命は残酷だった。トリプルアクセルから変更した3回転ルッツで転倒してしまうのだ。安全策のはずが、負のスパイラルにのみ込まれたかのごとく。不本意な4位に沈み、周囲が騒がしくなる。

「もう、どうしようかと思いましたよ」。満知子は苦笑する。

「周りは、やったことを批判するじゃないですか。なんで逃げたんだ。アクセルだったら、あの子は絶対に跳んだって。仮にルッツを成功させ1位になったら『やっぱり無理しなくて良かった』となる。でも自分たちで決めて、ルッツにした。それについて何を言われても仕方がないよと思って。もうフリーは、思い切り自分の好きなことをやったらいいわって」

コーチとして自身も刃《やいば》のような結果論を浴びながら、満知子はみどりに言った。「インタビューには答えなさい」

精神状態を考えれば、ノーコメントもやむなしか。そんな状況だったが、マスコミの後ろには多くのファンがいる。ずっと待っている報道陣に、自分の口で話しなさいと諭したのだ。勝敗よりも大事なこと。「みんなから愛されなさい」。満知子の教えは、窮地でこそ真価が問われる。

記者の前に立ったことで、張り詰めた空気は幾分和らいだ。「二つのゴメンナサイでしたね。『失敗したこと』と『待たせてしまったこと』の」。みどりは救われたと振り返る。

もう1回　二人は信じた

4位に沈んだ失意のオリジナルプログラムから中1日。「全然、気持ちは切り替わっていなかったですね。日本に帰りたかった。でも、このままじゃ帰れないし」。フリーを前に、みどりの胸中は揺れていた。

五輪でトリプルアクセルを跳ぶ。女子初の快挙は、自身の存在証明でもあった。心も、体も「硬かったですね」。それでも「失敗の確率は高いけど、後悔しないために」。思いを胸に秘め一人、氷上に立った。リンクサイドの満知子に笑顔で送り出され。

冒頭の３－３回転の連続ジャンプが２－３回転となる。不安な出だし。次はトリプルアクセル。尻もちをついた。

会場に、ため息とともに諦めにも似た空気が広がる。だが一人、いや二人だけは、まだファイティングポーズを解いていなかった。

アルベールビル五輪のフリーで、五輪史上、女子で初めてトリプルアクセルを決めた伊藤みどりさん＝1992年2月、五輪リンクで（写真提供：共同通信社）

演技の後半。疲労も蓄積された正念場だった。

「多分、先生だけが予想していたんじゃないかな。もう一回、みどりはトリプルアクセルに挑戦するって。私はそう思う。そこは信頼関係。でも調子が悪いから、きっと失敗しちゃうって。先生も複雑な感じで見ていたと思う」

右足を振り上げ、高く宙を舞った。完璧な着氷。万雷の拍手に包まれ、笑みが輝く。みどりにスマイルが戻った。

一線を退き30年余り。伊藤みどりにとっての「トリプルアクセルとは」を今、問う。

「トリプルアクセル。伊藤みどりに勝てる人、いると思いますか？　ただ跳べばいいだけじゃなくて。質の高さ。みんなが『すごい』と思うものをと、こだわりを持ってやっていたから。それをプログラムの中で成功させて。言い過ぎでしょうか」

オブラートに包むような穏やかな表情と口調。覆い尽くせない強烈な自負が、こぼれ出した。

すごいな、みどりは

五輪で女子初のトリプルアクセルを成功させ、フィギュアスケートでは日本勢初の表彰台となる銀メダルを獲得。みどりのフリーをリンクサイドで見守った満知子は、不思議な感覚に包まれていた。

演技後半、トリプルアクセルに再度挑んだこと自体は「私はいつも練習でこういうパターンも見ているから、当たり前だったんですけど」と驚きはなかった。

「でも、みんなには『後半の疲れている時にあのアクセルを跳んだ』ってなる。1度失敗したことで、何か話題ができちゃった。このことが、すごいなと思いました」

トリプルアクセルを跳んでの銀メダル。でも、満知子は大会を通して「決して褒められるべきものではなかった」と振り返る。期待された金メダルに届かず、みどりも「アルベールビル五輪は30点ぐらいの出来」と認める。それでも感心するのは、最後は「すごいな、やっぱりみどりちゃんは」という空気に包まれたからだ。

「この子は、どこまでかわいがられるのかなって。みんなが、みどりにとって良い方向に見てくださって。それは、みどりの能力と努力もあるのでしょうけど。アルベールビル五輪は、結果は、私たちにとって残念なものだったけど、『すごく疲れて、嫌だった』という感じにはならなかった」

満知子は首をかしげるが、それこそ自身が子どもたちに語りかけてきた「みんなに愛されなさい」という思いの結実ではないか。

1972年札幌五輪を観戦した満知子が、その愛らしい振る舞いに感銘を受けたのが銅メダリス

アルベールビル五輪フィギュアスケート女子の表彰式で、メダルを胸に声援に応える（左から）3位ナンシー・ケリガンさん（米国）、1位クリスティ・ヤマグチさん（米国）、2位伊藤みどりさん＝1992年2月、五輪リンクで（写真提供：共同通信社）

トのジャネット・リン（米国）。「銀盤の妖精」もメダルの色は金ではなかった。人々の心に、記憶に残る選手を育てたい。そんなスケーターに、みどりはなったのだ。

もう、十分やったよ

アルベールビル五輪からの帰国便の機内で、満知子はみどりに言った。

「みどり、やめよう。もう無理」。アマチュア競技からの引退を勧めた。

その前の1988年カルガリー五輪以降、2人は1シーズンごとに現役を続行するかを話し合ってきた。翌年の世界選手権（パリ）を制し、追われる立場となってからは、ずっと苦しい時間が続いていた。

「それまでは、私の方が頑張らなきゃって引っ張ってきたでしょ。みどりにスケートの楽しさを一生懸命に教えてきたけど。その時は私の方がダウンでしたね。もう、十分やったよと」

力は出し尽くした。そういう実感があった。

「やってやれないことはなかったと思う。でも、みどりも自分で分かっている。毎年、3分の2はやめたい方向にいっていたから。最後、アルベールビル五輪は本当に『出場しない』というところまでいっていたのね。これ以上やっても、苦しみでしかない。うん、もういいんじゃないかな、というのはありました」

みどりにも自覚はあった。アルベールビル五輪に、エキシビションで使用する曲のテープを持参し忘れたのだ。幸い、自宅にいた満知子の夫の宏樹と長女の美樹子の機転で、名古屋のＮＨＫから衛星回線で送信してもらった。

後に有名になったエピソードを語りながら、みどりは自分の精神状態を振り返る。

「おかしいんですよ。オリンピックの曲を自宅に忘れること自体、浮ついた気持ちというか、冷静でない自分があったというか。それぐらい切羽詰まってやっていたので。もう、引退の年かなと」

五輪の2カ月後の１９９２年4月25日、東京都内で引退会見を開いた。22歳。後にプロ転向を表明し、アイスショーの世界へと羽ばたいた。

駆け抜け、振り返れば

満知子にとって、みどりと走り続けた時間とは一体、何だったのか。

「一番大変だったのが、みどりの時代。それからはだんだん、大変なこともたくさんありますけど、楽しみも余裕も出てきました。スケートに対して、仕事に対して。みどりちゃんの時は

天皇、皇后両陛下、皇太子さま（いずれも当時）と歓談する伊藤みどりさん㊧らアルベールビル五輪入賞者＝1992年5月、赤坂御所で

夢中、がむしゃら。ムチを入れられた馬が懸命に走っている感じかな」

　穏やかな口調で、懐かしそうに振り返る。唯一無二の逸材と偶然出会い、一緒に世界の舞台へと飛び出していった。未知の風景の中、ただ前へ。コーチとしての青春期だったのではないだろうか。

「違う世界、どんどん幅が広がっていったかな。みどりちゃんのことで著名な方々ともお知り合いになれて、すごく人生が変わりましたよね」

　みどりとともに皇居へ招かれた際、当時は皇太子だった天皇陛下に「応援していました」と声を掛けてもらった。

「以前にイギリスに留学されていて、そこでみどりの試合を見ていただいたようで。『えっ、ご存じなんだ』と驚いた記憶があります」

　みどりが当時、通った東海女子高校、東海学園女子短期大学を運営する東海学園からは多大なバックアップを受けていたが、その関係者には元首相の海部俊樹ら、政財界などで活躍する人も多かった。スケートしか知らなかったと話す満知子にとって、知見を広げる出会いとなる。

五輪だったか、世界選手権だったか。大会前、面識のなかったプロテニスプレーヤーの松岡修造から、「頑張れ」と直筆のファクスが届いたり。「今思い出すと、いろんなことがあったね。もう通り過ぎちゃったけど」。楽しかった日々に、口調も弾んだ。

根を張り　道を開いた

アルベールビル五輪で区切りを迎えた、満知子とみどりの物語。2人が世界に与えたインパクトは、とてつもなく大きい。欧米を中心に発展してきたフィギュアスケート界に、アジアの日本から強烈な新風を吹き込んだのだから。

「礎は築けたのではないでしょうか」。みどりは自負する。

パイオニア――。未開の荒野を切り開き、踏み締める2人の足跡が、やがて道となり、それに続く者が次々と現れる。野球界では、米大リーグで「トルネード旋風」を巻き起こした右腕、野茂英雄の挑戦が、そうであったように。

みどりが一貫して名古屋を本拠に、その競技人生を過ごしたことも特筆すべき点だろう。「東京でなくては、海外でなくては、上手にならない。そう言われたけど、名古屋でも上手になる。『名古屋だぎゃあ』みたいな感じでね。名古屋にこだわりを持って、やってきましたから」。

中学3年の15歳で全日本選手権を初制覇したころの伊藤みどりさん㊧と山田満知子さん。二人三脚の物語は、みどりさんが22歳の冬、五輪銀メダルで最終幕となった＝1985年1月

おどけたせりふを挟み、みどりは胸に秘めてきた信念を明かす。

「いろんなところから新幹線に乗って帰って来ると、『やっぱり名古屋が一番落ち着くなあ』とか。海外に行くことで、名古屋の良さや、日本の良さが分かったり。それは世界に出てみないと、分からないことですよね」

地元に根を張り、子どもたちに教え続ける満知子にとっても、うれしいことだった。「よそに行くと言わずに、ずっと名古屋にいてくれたのでね。みどりちゃんが最後までうちにいてくれたことは、すごく大きくて。スケート界にも大きかったと思う」

一つの物語の終焉《しゅうえん》は、次の章へのプロローグ。伊藤みどりに憧れ、その背を追う新しい力の胎動が、既に始まっていた。名古屋では、才能あふれる後輩たちが、偉大な先駆者に熱視線を送っていた。

リンクサイド❷

初代番記者

馬庭重行

伊藤みどりの名前が知れ渡り始めたころ、中日新聞の大阪編集部から名古屋の運動部に異動して来ました。当時、決まったフィギュアスケート担当記者はおらず「地元にすごい選手がいるのに、おかしいじゃないか」と上司に意見すると「じゃあ、お前がやれ」と。

そうは言ったものの、それまでフィギュアとの関わりは一切ナシ。ただ地元紙として他紙には負けられないという使命感を胸に、ルールなどを一から必死に勉強しました。みどりの練習を見に、大須のリンク（名古屋スポーツセンター）に早朝、深夜と通いました。邪魔にならないよう、観客席の隅っこに座って。

そうやって努力する新聞記者の姿を、山田満知子先生も見ていてくれたのかな。あのころは、彼女も必死だったと思う。我々としても近寄りがたい存在でした。

そんな先生の優しさを感じたのは、ある早朝の貸し切り練習でのこと。私は朝一番の電車に乗って大須のリンクまで行き、いつものように2階席の片隅で見ていました。すると気付いた満知子先生が「もう、練習終わるから降りてらっしゃい」と声を掛けてくれました。根は、気遣いの人です。

みどりと満知子先生を追いかけ、1988年カルガリー五輪へ。中日新聞で初めての冬季五輪派遣でした。翌年の世界選手権（パリ）は現地観戦しようと上司に休暇を願い出たところ、急きょ取材に行かせてもらうことに。そこでみどりはトリプルアクセルを成功させ、日本選手初の金メダル。歴史的な瞬間に立ち会えました。

みどりを実の娘のように育てた満知子先生。例えばみどりがスネていても、こんな時はほっておいていい、こんな時は手をかけないといけないという「あうんの呼吸」は、同居生活の中で自然とできてきたんじゃないかな。2人を通して、選手とコーチの絆というものを知りました。

本書に掲載された満知子先生の近影を見て、うまく言えませんが「大コーチになったな」という印象を受けました。昔はとんがっていて近寄りがたい雰囲気でしたが、写真の満知子先生はすごく穏やかな表情でした。子どもたちのことを優しく包み込む「本当にいい先生になったんだなあ」と感じました。（談）

山田満知子さん（前列左）と馬庭重行さん（同右）。2列目中央は伊藤みどりさん＝2005年ごろ、名古屋市内で

感動ありがとう

天才ジャンプ人生で『金』を

ジャンプの申し子がとうとうスケート靴を脱いだ。ほのぼのとした、あのみどりスマイル。多くのファンに夢と希望を与えてくれたトリプルアクセル（3回転半ジャンプ）がもう見られないのかと思うと残念。でも自分が限界を感じて決意したのだから仕方がない。

本当に長い間ご苦労さんでした。あなたは、マイナーといわれた日本のフィギュア界をメジャーへと引き上げました。その功績はだれもが認め、惜しみない拍手を送るでしょう。

ふだんの練習、そして数多くの試合を見てきた記者には思い出は数えきれないほど……。一九八八年の愛知県選手権で、試合では初めてトリプルアクセルを決めた。八九年、パリの世界選手権は苦手の規定を6位でクリア。逆転で日本に初の金メダルをもたらした。九〇年、カナダ・ハリファクスの世界選手権、規定10位と出遅れながら、銀メダルをつかんだ。九一年、ミュンヘンの世界選手権ではテレビカメラ席に飛び込むミスジャンプ。そんなひとこま、ひとこまが何ともドラマチックだった。

カルガリー、アルベールビルの二度のオリンピックはもちろんのこと感動的だった。

再三のけがから立ち直ったたくましい精神力。かと思えば、自分の思い通りにならないといっては「それじゃ、みどりはどうするの」と涙ながらに訴えて山田満知子コーチを困らせもした。

「他の人と比較したら、私は努力が足りない」と認めながら、それでもどんどんジャンプを跳んでいた。やはり天才だったのでしょう。もう再び、あなたのような選手は現れない、そう思うと寂しさも感じる。

これからは競技生活から離れて、自分が待ち望んだ普通の生活に戻る。だが現実はそんなに甘くはない。今は伊藤みどりの名前で周囲はちやほやするが、忘れられるのは早い。過去の名声と実績は胸の奥深くにしまい込んで、しっかり足元をみつめ、人生の銀、いや金メダルをつかむ努力を忘れないでほしい。

また足掛け十二年、起居を共にしながら公私にわたり指導にあたった山田満知子コーチにもご苦労さんといいたい。今後も世界で戦える選手の育成に努めていただきたい。

もう一度、伊藤選手、山田コーチ、お疲れさまでした。

（馬庭　重行）

1992年4月25日、中日新聞より

まにわ・しげゆき　山田満知子さんの1学年下の1944（昭和19）年、鹿児島県生まれ。同志社大学ラグビー部ではウイングで活躍。中日新聞では運動部編集委員（長野五輪担当）、運動部長、スポーツ事業部長、事業局次長を歴任。定年後は中京大学へ移り、若いフィギュアスケーターたちを見守った。

III

ポストみどり

五輪銀メダルを胸に現役を退いた伊藤みどりさんの背中を追うように、地元愛知の才能が次々と芽吹いていきます。小岩井久美子さん、恩田美栄《よしえ》さん、中野友加里さん――。そんな彼女たちに、山田満知子さんは、それぞれの個性に合わせた翼を授け、高く舞い上がらせました。

山田満知子さん㊧から指導を受ける高校時代の小岩井久美子さん＝1992年8月、名古屋市中区の名古屋スポーツセンターで

1

先駆者の功績

日々は続く　形を変えて

笑顔を絶やさず引退を表明した伊藤みどりさん＝1992年4月25日、東京都港区のホテルで

アルベールビル五輪から2カ月後、1992（平成4）年4月25日、銀メダリストの伊藤みどりは、東京都内のホテルで引退会見に臨んでいた。五輪の大舞台で女子では初めてトリプルアクセル（3回転半ジャンプ）を成功させ、日本のフィギュアスケート界に初のメダルをもたらした。

「自分なりに精いっぱい頑張ってきましたから、悔いはありません」

栄光の余韻を残しつつ、一線を退く希代のスケーターが紡ぐ言葉を、同席したコーチの山田満知子は優しい笑みを浮かべて聞いた。2人で築いた一時代が終わった。

「うーん。でも、他にも選手がいましたので。私は例のごとく、一番の選手がいても、それだけではないので。ちっちゃい子も、下手な子もいるわけですから。みどりが終わったから『はい、次』っていうわけでもなく、まあ、いつものパターン。だから『一仕事終わった、さあ』っていう気持ちはなくて、『あの子もいる、この子もいる、ああ頑張らなきゃ』っていうだけのことでね」

当時の感慨を尋ねると、そんな「らしい」言葉が返ってきた。では、みどりの引退に際しての率直な思いは。

「寂しかったとかは……。相変わらず、みどりは家《うち》にもいましたし。出て行く気配は全然ナシ、ハハハ。リンクにも来ていたんじゃないかな。アイスショーにも出ていたので。私との関係が切れちゃったわけではなくて、ただ私がガツガツと怒らなくて済むだけの話で。寂しかったとかは、ない」

みどりとの格闘の日々は終わったが、だからといって満知子が変わることはなかった。でも周囲には、少なからず変化の兆しがあった。

一気に国民的スポーツ

欧米で発展してきたフィギュアスケート。アジアの日本で生まれ、育ったみどりが、女子で初めてトリプルアクセルを公式試合で成功させ、五輪でメダルをつかんだ。

その反響はいかほどだったのか。満知子に尋ねると「いや、お弟子さんが増えたっていうのは、うちはそんなにはなかったね」と予想外の答え。そして、続けた。

「それよりも、スケートの話題が出るでしょ。新聞なんかに。それで一般のお客さんが増えた。スケートファンが。その勢いで、リンクも混むし。その中には『まあ、習ってみようか』って人はいたかもしれないけど。とにかく、ファンが多くなったというのはありますね」

より強く感じたのは、一般社会への影響力だった。それまでは、それこそ欧米中心のスポーツで、日本における期待値もさほど高くなかったフィギュアが、みどりの登場によってがぜん注目され、認知度が高まった。

言い換えれば、国民が身近に感じるようになった。日本のフィギュア界にとって、大きな転換点だったと言っても差し支えはないだろう。

「そうだね。そう言ってもらえると、そうなのかもしれない。やっぱりみどりで、時代は大きく変わったかな」

感慨とともに振り返る満知子が強調したのが、みどりが一貫して名古屋で現役時代を送った事実だ。「今までは、東京からしか一流の選手は出なかった。それか、アメリカやカナダ。渡部絵美さん、五十嵐文男さん。いい選手は歴代、東京から海外っていうのだったね」。その反響が、一番うれしかったと明かす。

どこでも　やればできる

満知子とみどりが一貫して名古屋に本拠を置き、五輪で日本フィギュア界に初のメダルをもたらした事実。もっとも反響があったのは、同じ立場の人たちからだった。

「私なんか無名で、名古屋の田舎でね。それが、こんなに素晴らしい、優秀な選手を、ってことでね。地方の指導者の皆さんも『私たちにもできるかもしれない』って。みんなに言われた。『すごく励みになります。私たちも頑張ります』って。もう、何人にも言われた」

採点競技のフィギュアは、その優劣を人の目で判断する。どうしても先入観が付きまとう。要素ごとに細分化された現在と違い、演技全体を6点満点で採点していた当時は、なおさらだった。

洗練された雰囲気をまとう都会の選手と、無名のコーチに指導された選手では、採点にも偏ったイメージが反映されがちだったと、満知子も実体験から感じていた。それは地方の指導者にとっては悔しく、意欲を削《そ》がれる経験として蓄積されてきた。

そんな時代に紡がれた、満知子とみどりのサクセスストーリーは、同じ境遇の者たちに希望と勇気を与えた。そう感謝され、満知子はうれしかったと振り返る。

「本当にエリートコースではないので、私は。『頑張れば何とかなる、頑張ろうよ』って感じ。もちろん、みどりというすごい素材があったから、こういうことができたんですけど。よそに行かず、ずっと名古屋にいてくれたのでね。みどりちゃんが最後までうちにいてくれたことは、すごく大きくて。スケート界にも大きかったと思う」

やれば、できる――。そのメッセージは、名古屋の後輩たちもしっかりと受け取っていた。

2

けなげな努力家

「大谷翔平」がすぐ近くに

長きにわたり苦楽を共にしたみどりが巣立っても、「あの子もいる、この子もいる。だから頑張らなきゃ」と思っていたと語るように、満知子の下では次の才能が着実に芽吹いていた。その一人が小岩井久美子。1975（昭和50）年生まれ。みどりの6学年下だった。

「既にみどりさんが世界で活躍されている時代だったので、憧れてフィギュアスケートを始められる方も、いっぱいいたころだと思うんですけど。私もその中の一人ですね」

小学生になると、自宅に近い名古屋・大高のボウリング場の地下にあったスケートリンクでフィギュアを知り、始めた。ちょっとずつ上達し、試合にも出るようになった。そこで満知子と出会う。

「もちろん、知っていました。みどりさんを教えている先生ということで。憧れは、どの選手

伊藤みどりさんの背中を追い、注目されだした中学3年生の小岩井久美子さん＝1990年、名古屋区中区の名古屋スポーツセンターで

にもあったと思います。『教えてもらえたら、いいなあ』という」

やがて縁あって、満知子の門下生となる。小学5年生の時だった。同門となったみどりの存在は「雲の上もいいところ」だったと振り返る。

「何て表現したらいいのかな。うまく言葉が見つかりませんが、もう本当にすごい人、スーパースター。野球をやっている人からすれば、今の大谷翔平選手みたいな存在ですね」と最上級の敬意を払う。その上で、当時の胸中を思い出し、明かした。

「あんなふうになりたい。なれるかどうかも分からないけど、なりたい。ああやって跳んでみたい」

ものすごい才能を前に、ひるんだり、後ずさりしたりするのではなく、むしろ少しでも近づきたい、ひょっとしたら私にもできるかもしれないと思った。

背中　見えるから追える

小学生時代の久美子は臆することなく、みどりの背中を「自分もああなりたい」と凝視していたという。なぜ、そんな心境になれたのか。

「世界が身近といえば、変な言い方なんですが。頑張れば、ああなれるんだって。錯覚じゃないですけど、なんとなく、その当時の自分は思っちゃっていたのかなあ」

五十路《いそじ》の声が聞こえてきた今、人生の厳しさも経験してきた久美子は、無邪気だった少女時代の自分に苦笑した。

当時、フィギュアスケートが欧米主流のスポーツで、日本の選手が活躍することの難しさという視点は欠落していたと振り返る。無理もない。小さい子どもにとっては、目の前で見えているものがすべてだから。

「みどりさんの本当のすごさというのは、もっと後に知ることになるんですが。最初に見た時は、自分もすぐに世界に出られるんだという、そういう思いが、もしかしたらあったのかもしれません」

遠い国の、あるいは東京や大阪の選手の活躍より、同じ名古屋のリンクで一緒に滑るみどりの方が、よりリアルな目標になり得る。すごい選手だけど、スケート靴を脱げば、笑うし、ご飯も食べるし、学校にも行く。ある意味、自分と同じ、一人の女の子なのだ。

「スーパースターなんだけど、本当に身近にいる。近くでやっていると思うと、いろんなことが近くに感じる」

久美子の告白こそ、満知子とみどりがフィギュア界に蒔《ま》いた希望の種。日本人だって、名古屋からだって、世界に出て行ける。

みどり自身がフィギュアを始めたころを「世界で活躍できるとか、そういうことは雲の上のように思っていました」と回顧したのとは、隔世の感か。「やれば、できる」という魔法の言葉は、明るい未来を予感させる。時代は確実に、前に進んでいた。

「2世」と呼ばれても

満知子の門下生となった久美子は、6学年上のみどりの姿を見詰めながら、実力を積み上げていく。

1989（平成元）年12月26日付、中日新聞の「あいちスポーツ回顧」では、同年3月の世界選手権（パリ）で優勝したみどりに続く若手として名前を挙げ、「ジャンプに見るべきものがあり、今後が楽しみである」と評している。

「そうだね。ジャンプが奇麗《きれい》だった。クセのないジャンプでね」と満知子も話す。「ジャンプ娘」の系譜を継ぎ、同じく小柄だったことも相まって、いつしか「みどり2世」「ポストみどり」と期待されるようになった。

そういう「愛称」を付けて2人を重ねたがる世間はともかく、満知子は久美子について「みどりとは違う感じだよね」と述懐する。

世界ジュニア選手権を前に、現地に駆け付けた伊藤みどりさん㊨に激励された小岩久美子さん＝1992年11月、ソウルで

「能力はすごいと言われているのに、あのわがままに腹を立てながら、それでも頑張らせなきゃいけないっていう格闘が、みどりとはありました。でも、久美ちゃんはまったく逆の感じかな。久美ちゃんは、けなげについてくる子なので。文句とか、もめたとか、そういうことはあまり覚えていないのよね」

一方の久美子は「2世って言われるけど『全然違うよ、足元にも及んでいないよ』と思っていましたね。みどりさんがやっているジャンプの半分ぐらいしかできていないのに、2世って呼ばれていいのかな、という気持ちはありました。ホント、みどりさんはすごかったので。恐れ多いよと」と振り返り、苦笑した。

フィギュアに打ち込めば打ち込むほど、その背中の遠さ、偉大さが身に染みる。それでも小さかったころに抱いた憧れが、色あせることはなかった。

「もちろん、みどりさんみたいになりたいという気持ちは強かったので。とにかくジャンプを一生懸命にやりましたね。ああなりたいから、ジャンプは頑張ろうと思って」。恐れ多い「愛称」は、モチベーションにもなった。

超天才と普通の天才

みどりに憧れ、満知子の下で研鑽《けんさん》を積んだ久美子は、試合でも力を発揮し始める。

みどりが卒業した東海女子高校（現東海学園高校）に進んだ1991（平成3）年、8月下旬にドイツで行われたアルプス杯ネーベルホルン・トロフィーで国際大会初の優勝を飾るなど、希望通り、世界にも飛び出していく。

「結構、試合に出るようになってからは、私もみどりさんと2人で夜中にリンクの貸し切りを取って練習したり、そういうことが増えていきました。その時ぐらいからは、普通にいろいろと話をしたりもするようになりました」

尊敬するスーパースターと、距離がグッと近づいた。ところが満知子から、こう言われた。

みどりを見習うな——。

「みどりさんは超天才なんだ。同じようにやっていてはダメなんだ、と言われたのを、すごく覚えていますね。『あなたは普通よりはできているから、まあ、天才としよう。だけど普通の天才は、努力しないとみどりのところまでいけないんだよ』って」

そのころのみどりは、日本勢初の優勝を期待された1992年アルベールビル五輪を控え、とてもナーバスになっていた。練習でもリンクに立つことが少なかった。

「近くで見るようになって、みどりさん、本当に練習されていなかったんです。それでも、試合になったら、あんなにできる。自分はこんなに練習しても、試合ではできないのに。『何でだろう』という思いも生まれましたね」

容赦なく突き付けられる、才能の差。トップを目指すアスリートの大多数が味わう、厳しい現実だ。「先生に言われ続けて、実際、努力しないとできないというのを、自分自身でも悟っていたと思います」。満知子の助言を、久美子はかみ締めていた。

最良へのノウハウは

満知子は、久美子を「普通の子」という。それはみどりや、後に指導する浅田真央に比べてという注釈が付くが。

みどりのような世界のトップ選手に育てあげる。素晴らしいことだが、同時に犠牲も強いることになる。「やっぱりトップにいこうと思うと、いろんなことを断念したり、我慢したり。そうやって進まなければならないってことも、多いじゃないですか」

久美子に対しては、そういった逡巡《しゅんじゅん》があったと明かす。

「みどりに続けとは思わないけど、頑張らせてあげたいというのはあって。でも、頑張らせるのが、いいことなのかという思いもあって」

それでも、久美子はけなげに付いてきた。「努力家なのよ」。当時を思い起こし、満知子は目を細めた。そんなやりとりを久美子に伝えると、恐縮しながら答えた。

「やらないとできないんだよ、ということを先生に小さい時から言われ続けて、自分も年齢を重ねるにつれて悟ってきて。それで頑張っていたとは思います。それを『努力していた』と言っていただいているのかな」

みどりを育てたノウハウが久美子の指導に生きたのか。そう尋ねると、満知子は「それは、ない」と即答した。

「優秀なコーチには理論があって。こういうノウハウで、こうやって選手をつくっていくという。どの子に対しても自分のポリシーがあって。そういう先生もみえると思うのですが、私は行き当たりバッタリ」

自嘲気味の口調に、満知子の指導の真骨頂が垣間見える。

「あんまり形にとらわれない。その子に合った環境というのもあるでしょうし。この子にはこういうのが良いのではないかという教え方、持っていき方があったりする。みどりちゃんを世界一にしたから、『このノウハウでいけばいい』というのは全くない」

選手それぞれを、最良の道へと導く。それが満知子の流儀なのだろう。

遠征にはハプニング

満知子との思い出を尋ねると、久美子は記憶をたどって、笑った。

それは初めての海外遠征。中学3年生だった1990（平成2）年11月、東西が統一したばかりのドイツのカールマルクスシュタット（現ケムニッツ）で開かれたブルースワーズジュニアカップでのこと。当地は旧東ドイツにあった。

「先生はみどりさんがいたから海外遠征には慣れていたとは思うけど、それでも行ったことがないんじゃないかなというぐらい辺ぴというか、へき地というか。ホテルじゃなくて施設というのでしょうか、本当に何もないところに泊まりました」

そこでの食事は自炊。日本チームで集まって、持参したパックの白米をお湯で温めて食べた。

「もう、家族ですよね。そこでは先生がお母さん。ご飯のこともそうだし、いろいろと身の回りのこともやってもらいました。私は、初めての海外遠征でしたので」

その大会、久美子はオリジナルプログラム（89～92年シーズンのショートプログラムの呼称）でトップに立ったが、右足首を痛めてしまう。それでも痛み止めの注射を打ちながらフリーを滑り、総合3位と健闘した。

満知子も、久美子との海外での思い出に苦笑する。どの大会かは忘れてしまったが、何とホテルが外国の関係者と同室だったことがあった。

だから、2024（令和6）年の冬に門下生の一人が欧州の大会に出場した際、宿舎が他の日本選手と相部屋になり「気を使う」と困惑顔を浮かべると、満知子は笑いながら諭した。

「何言ってるの。先生なんか、鍵をもらってホテルの部屋に入ったら、知らない外国の人がいたんだから。言葉も通じないし、もう、どうしたらいいのかって」

二人三脚　リンクの母と

リンクを降りれば、満知子のことを「お母さんみたいだった」と久美子は明かす。実際に山田家で育てられていたみどりと、同じような感想だ。その理由の一つが満知子との距離の近さだった。

時がたち、今から十数年前。親となっていた久美子は、小学校に入学した娘がフィギュアスケートを習いたいと言い出し、満知子の下に通った時期があった。その折、衝撃を受けたのが生徒たちの親の多くが、リンクで練習に付きっきりだったことだ。

わが身を振り返ると、深夜の貸し切り練習などは母親が付き添ってくれたが、基本は1人で通っていた。自宅近くのJR共和駅（愛知県大府市）から東海道線に乗り、名古屋駅に次ぐターミナル駅である金山駅で地下鉄に乗り換え、名古屋スポーツセンターの最寄りの大須観音駅へ。練習が終われば、同じ方向の生徒と途中まで一緒に帰った。

「リンクに行けば先生がいて、レッスン中じゃなくても目が光っている。隠れていても見つかる、みたいな。親と二人三脚というより、先生との関係。そういう感じでしたね」

試合にも親は同行せず、満知子と行くことが多かった。「そうすると先生と2人でご飯を食べたりするんですけど、みんなは『すごいね』って言うんです」。すでに満知子は、みどりを育てる名コーチとして注目を集める存在だった。加えて、少し派手にも見える風貌も周囲の感想の理由だろう。

「ちょっと怖いというイメージがあったと思うんですけど。もちろん、練習に対しては厳しいのですけど、普段はそういうこともなく、優しいし、お母さんという感じで」

2人向かい合っての朝食風景を想像し、そんな時間は、どんな会話をしていたのか聞いてみた。

「何を話していたんでしょう。多分、学校のこととかでしょうか。全然、記憶にないんです」。

久美子は笑った。

氷上で遊べる　特別な日

次代を担うフィギュアスケーターとして注目を集め始めた久美子は、満知子の指導に「けなげに」付いていった。「必死でしたので、大変なことがほとんどでした」と振り返る記憶の中、楽しかったことを一つ挙げてもらった。

「年に1回、クリスマス会は楽しかったです。それはもう、子どもは待ちに待ったという感じでしたよね」

かつて年末になると、「山田グループ」の生徒に、その保護者や親交のある報道陣も加わり、氷上でのリレーや綱引きなどの「運動会」が繰り広げられる。

久美子は声を弾ませ、続けた。

「氷の上で遊べるなんて、普段は考えられないことなので」

久美子らトップを目指す生徒は、レジャーでフィギュアに興じているわけではない。スケートリンクでは一般客とは違い、ひたすら練習して、時には厳しい指導を受ける。そんな空間が、この日ばかりは、ほのぼのとした「遊び場」へと様相を変える。

「いつも怒ってばかりの親も、スケート靴を履いて、それを子どもが引きずり回して、みたいな。何だろう。本当に息抜きというか、すごく楽しかったですね」

1年に1度、得意になってリンクを駆け回る。みんなが笑っている。

そうやって、一生懸命にフィギュアに打ち込んだ1年が暮れていく。「ああ、楽しかった。だから、また頑張ろうって。そういう気持ちになれたんじゃないかな」。新たな1年へとこぎ出す元気を、子どもたちはもらっていたと、久美子は懐かしむ。

頑張って、努力したから

みどりがアルベールビル五輪で銀メダルに輝き、一線を引く決意を表明した1992年、新たなシーズンが始まると、久美子は世界ジュニア選手権の行われるソウルへ向かった。2年連続の出場に「得意のジャンプで昨年の8位を上回りたい」と控えめの目標を掲げていた。

結果は優勝――。日本勢では3シーズン前の佐藤有香に次ぐ、2人目の快挙だった。

「あんまりジャンプとかができた人がいなかった年で、運が良かったと自分自身では思っていたんですけど。3回転を全種類跳べない自分が優勝したので。でも先生は『運も実力のうち』と言ってくださって」。久美子は当時を振り返る。

1992年12月、小岩井久美子さんは世界ジュニア選手権女子で優勝。記念で作ったテレホンカードを関係者に贈った

「すっごく驚いた」と胸の内を吐露したのは満知子だった。

「久美ちゃんとは、国際大会へ行けたらいいなと、そのくらいの感じでずっと名古屋でやっていたので。みどりの時も世界一になるとか、そういうのはなかったんですけど、もっと久美ちゃんとは平凡に過ごしていたので」

圧倒的な才能を誇るみどりと、けなげに努力を重ねる久美子。同じ門下生でも、それぞれ個性は違い、それぞれに見合ったフィギュアスケートの道を懸命に進んでいた。

満知子は語る。久美子が「頑張って、努力をしていたから」望外ともいえる結果がついてきたのだと。

帰国後、すぐにあったシニアのＮＨＫ杯でも躍進。佐藤有香、１９８８年カルガリー五輪代表の八木沼純子らを上回り、日本勢トップの２位に輝いた。「テレビで見ていたＮＨＫ杯で、自分が表彰台に乗っている」。久美子にとって、忘れられないシーンの一つとなった。

五輪を懸け　最高の演技

世界ジュニア選手権制覇にＮＨＫ杯で日本勢トップの２位。明けて、１９９３年１月の全日本選手権に初出場した久美子は、堂々の３位。優勝の佐藤有香、２位の八木沼純子とともに表彰台に立った。

充実のシーズンを終え、翌年に控えるリレハンメル五輪代表の期待が一気に高まった。子どものころ、無邪気に夢見た世界での活躍。その最高峰の舞台が、満知子の導きと、それに必死に付いていった、たゆまぬ努力によって、現実のものとして迫ってきていた。

しかし、その「夢」がかなうことはなかった。

代表選考会を兼ねた１９９４年１月の全日本選手権は、佐藤有香、井上怜奈に次ぐ３位。日本スケート連盟の選考会議は紛糾

全日本選手権の表彰台で小岩井久美子さん㊨は優勝した佐藤友香さん㊥と握手。左は2位の八木沼純子さん＝1993年1月、名古屋市南区の市体育館アイスアリーナで

したが、結局、２枚の切符に届かなかった。「演技自体は、それ以上できないというぐらいにやれた。それで出られないなら仕方がないくらい。ほぼほぼ完璧に。一つミスがあったんですけど、それ以外は練習以上のものができたので」と久美子は明かす。

あまり順位などにこだわらない満知子が「意外性が多すぎて分からない。何でこうなったのって」と選考結果に承服しかねるほど、久美子の演技は素晴らしかった。同時に、不満の色を一切浮かべなかった教え子の表情も目に焼き付いている。

「先生が分かってくれるなら、と思っていたのかな」

30年余り前の出来事。久美子は、笑って振り返る。

「悔しいのですが、それも運というのか。最終的には五輪には出ることができなかったので。悔しかったですよね、実際は」。望外の勝利があれば、なかなか消化できない敗戦もある。それが、結果の悲喜が残酷なまでに描かれるスポーツの宿命だろう。

それでも。満知子と本気で過ごした日々が色あせることは、ない。

満身創痍　やり切った

久美子のスケート人生は、けがとの闘いでもあった。満知子も語る。

「いつも足が痛かったと思うのね。結局はそれで、この試合は断念しようとか、相談したのをすごく覚えている。それを押してまでスケートをさせるのか。お母さんも考えていたんじゃないでしょうか。だけど、頑張ってやったという感じでした」

１９９４年のリレハンメル五輪出場を逃した後も、黙々と競技に打ち込んだ。

同年４月に伊藤みどりと同じ東海学園女子短期大学（当時）に入学。10月に両足首を痛めて１カ月間、スケート靴を履けなかった。完治とはいかなかったが「跳ぶしかないから」と臨んだ１９９５年１月の全日本選手権で３年連続の３位となり、初の世界選手権（英国・バーミンガム）の代表権を手にした。

五輪ではかなわなかった日の丸を背負っての大舞台。ところがパリでの直前合宿で右膝を痛めてしまう。スペインであったユニバーシアード冬季大会からの転戦だった。

「本当に長い旅でした。疲れているというか、他にもいろんなところが痛かった」

満身創痍《そうい》で臨んだフリーの演技。最初のジャンプで転倒し、スケート靴のエッジで太ももの内側を切ってしまった。流血。それでも滑った。

「最後までやり切らなきゃという気持ちが強かったので。滑り終わって、初めて血が出ていたことに気付いた。感覚も、痛いとかもなく。いろんなことが『やっと終わった』という気持ちの方が大きかったですね」

演技終了後、リンク脇の医務室で4針を縫う応急手当てを受けた。「久美ちゃんらしいなと思いました」。総合16位の結果よりも、血だらけになりながら滑り切った教え子のいじらしさが、満知子の記憶に残っている。

良かったね　良かったです

1997（平成9）年、1月のユニバーシアード冬季大会（韓国）で優勝を飾った久美子は、春になると現役を引退した。21歳だった。

満知子にとっては、伊藤みどりという超天才との嵐のような日々の後に綴《つづ》った、コーチとしての次の物語が終わった。

「今考えると、久美ちゃんとは、ほのぼのとした思い出しかないんですよ。だから、久美ちゃんには『ありがとう』って言いたい。スケートの仕事をしてきて、こんなにいい思いをさせてもらって。さわやかに過ごさせてもらったと思うのです」

がむしゃらに突っ走ったみどりとの時間は、「波あり、谷あり」。満知子自身も、まだ若かった。

「久美ちゃんとは、やっと穏やかにコーチ業ができた時だったのかな。もう一度、フィギュア

「50歳の誕生日を祝う会」で小岩井久美子さん㊧から花束を受け取る山田満知子さん＝1993年、名古屋市内で

スケートを見直せた時なのかもしれない」

思い返せば、世界ジュニア選手権とユニバーシアードの優勝を筆頭に、数多くの歓喜の瞬間を共に味わった。会社員として次の人生のステージへとこぎ出していった久美子との日々を振り返り、満知子は穏やかに話す。

「いっぱい、いい思いを私もさせてもらったし、久美ちゃんもしたんじゃないかな。最終的には、久美ちゃんの人生にスケートがあって良かったんじゃないかって思ってます、私は。久美ちゃんがどう思っているのかは、分かりませんけど」

そんな、満知子の思いを久美子に伝えた。

「良かったです！　絶対に良かったです。他の人にはできない経験を、いっぱい、しましたから。もちろん、大変だったんですけど、振り返ってみると、やっぱり良かったなと思うので。絶対、良かったです」。即答した声は、一段と弾んだ。

3 名古屋の時代

ゆっくり観戦、とならず

満知子の下から久美子が巣立つと、すぐに1998（平成10）年の長野五輪がやってきた。2度目の日本開催の冬季五輪だった。フィギュアスケート女子は、日本からは当時高校生の荒川静香が一人、出場し13位。優勝は史上最年少、15歳のタラ・リピンスキー（米国）だった。

「テレビで見ていたと思う。それと、みどりちゃんが開会式に出ることになっていたので。その前の誘致から頑張っていたので、そういうことに私も引っ張られていた。みどりはわが子みたいだったし」

みどりが聖火の最終点火者を務めたこともあり、フィギュアスケートの競技自体よりも、もっと広い視野で大会を眺めていたと明かす。

「だから、よく長野五輪のフィギュアについて『どうでしたか？』と聞かれるんですけど、『覚えてないなあ』と。毎日、いろんな電話がかかってきたり。何か、やっていたなあ。衣装がどうとか、浅利慶太さんとね」

笑いながら、開閉会式の総合プロデューサーで日本を代表する演出家（故人）とのやりとりを懐かしむ。

そんな華やかな祭典のさなか、4年後のソルトレークシティー五輪へ向けた青写真を、どう描いていたのか。

「あのね。私、あんまりないのよね、そういうのが。ただ毎日、頑張っているだけ、ハハハ。次を目指そうとか、そういうのはないんだよね。もともと」

長野冬季五輪の聖火台に点火する伊藤みどりさん
＝1998年2月7日、長野市の五輪スタジアムで

やはり「らしい」返答。それでも、満知子の下には、次代を期待される才能が、すでに台頭していた。

「うちには恩田美栄《よしえ》、山崎愛里彩、中野友加里、この3人がいたんです。小岩井久美子の後にね。全日本選手権でも、うちの選手で争っていたもん」

競い合う10代の3人

長野五輪に日本国内が沸いたころ、満知子の下では、「フィギュアスケートの魅力も全然違うし、性格も違う」という3人のスケーターが競い合っていた。

一番年上、1982（昭和57）年生まれの恩田美栄はジャンプに長《た》けたマイペース型、2学年下の山崎愛里彩は芸術性が高い天才肌、さらに1学年下の中野友加里は努力の人だった。

指導者の満知子が初めて世界へと飛び出した時代、伊藤みどりは「孤高の存在」だった。名古屋はおろか、国内でもライバルは不在だった。

「みどりの時は見えない敵というか、現実には近くに争う人がいなかった」。対照的に、近い年頃の3人が同じリンクで競い合う。相乗効果というプラスを十分に感じながら、三者三様の個性もあり、かじ取りが難しかったとも告白する。

ともかく切磋琢磨《せっさたくま》する3人。1999（平成11）年の全日本選手権では山崎が2位、恩田が4位、中野が8位と存在感を示した。

そこから一歩前へ出たのが恩田だった。翌2000年の四大陸選手権（大阪）で、5位ながらフリーで全5種類の3回転ジャンプを成功させたことなどが評価され、1枠の世界選手権（フランス・ニース）の代表に。初挑戦の大舞台で12位と健闘し、２シーズン後のソルトレークシティー五輪へ、注目を集める。

魅力は、高くて豪快なジャンプ。周囲はそこに、みどりの残像を見たのだろう。

「美栄はジャンパーだったよね。スケート連盟の人からね、ジャンプは高いし、トリプルアクセルをやらせた方がいいと、勧められて。それで練習させていたよね」

満知子は、当時の状況を振り返った。

跳べるのは跳べる人

周囲の勧めもあり、恩田はトリプルアクセルに取り組み始める。高難度ジャンプに指導のコツというものがあるのだろうか。満知子は「全然、ない」と即答した。

「今でも私は、そういう教え方はしていません。自然の流れでスーッといくだけで。例えば３回転ジャンプが全部マスターできれば、じゃあ４回転にいこうか、とか。でも、できるかできないかぐらいで４回転にいったら、３回転が崩れるかもしれないから、ちょっと早いかな、とか」

特別なコツがあるわけでもなく、順を追ってジャンプを習得していき、あとは跳べる人が跳べるのだと。だから、その手腕をたたえられてもピンとこない。挑戦自体も、かつてみどりが熱望し、それを受け入れたように、基本は本人の意思を尊重した。恩田のパターンは例外だったが、かといって流れに背いたわけでもなかった。

恩田自身も、東海女子高校（現東海学園高校）2年生だった2000（平成12）年3月の中日新聞のインタビューに、トリプルアクセルの先駆者、伊藤みどりに憧れフィギュアを始め、「やはり、ジャンプのすごい人が頭から離れません」と答えている。2002年ソルトレークシティー五輪の代表と大技成功。二つの目標を追いかけ始めた。

2001年、グランプリ（GP）シリーズの出場2試合でいずれも2位となり、GPファイナル進出を決めた。この結果、12月の初めには五輪代表に内定した。そして、12月中旬にあったGPファイナル（カナダ・キッチナー）の公式練習でトリプルアクセルを、しっかりと片足で着氷した。

快挙　遂げたのは努力家

2002年2月のソルトレークシティー五輪に向け、恩田はトリプルアクセルに精力を傾けた。練習では、それこそ何百回も挑んでは転び、立ってはまた挑み続けた。だが、五輪本番で成功させることはできなかった。回転が足りず、氷上に両手をついた。

総合17位。それでも名古屋の大先輩、伊藤みどりの代名詞でもあるスペシャルジャンプに、夢の大舞台で挑戦し「きょうは真っすぐに体が上がっていった」。手応えを口にし、笑顔を見せたことを当時の中日新聞は伝えている。

「課題は、どれか一つではないと思う。踏み切りとか、フリーレッグ（氷面から離れている足）の出し方とか、いろいろ。それを全部マスターして、まあ、できるんですけど」。満知子は、ジャンプを習得することの奥深さを指摘する。

すると、その年の10月、中野友加里が名古屋市であった中部選手権でトリプルアクセルを成功させた。競技会では、みどりに次ぐ日本女子2人目の快挙だった。同じ10月のGPシリーズ、スケートアメリカでも決め、国際舞台で、その名を知らしめた。

満知子は「他の人が10回跳んだら、20回跳ばないと帰らない。友加里ちゃんはそういうタイプでした」と努力家で、練習熱心だった姿を思い出す。みどりの背中を追ってきた逸材たちの、競うような芽吹きだった。

そして12月、京都での全日本選手権で、衝撃的な事態が起こった。

めくるめく星たち　そして

２００２年の全日本選手権。女子は、先のソルトレークシティー五輪で５位と健闘した村主《すぐり》章枝《ふみえ》が優勝するのだが、上位10人中、６人を愛知勢が占めたのだ。２位の恩田（名古屋市出身）、６位の中野（江南市出身）ら満知子の教え子の４人と、後に世界選手権を２度制し、五輪でも活躍する５位の安藤美姫（名古屋市出身）。９位には、バンクーバー、ソチ五輪で２大会連続入賞することになる鈴木明子（豊橋市出身）がつけた。

みどりが世界に飛び出し、続くように後輩たちが躍動し始めた。愛知は、名古屋は、間違いなく、日本のフィギュアスケート界を引っ張る先進地となった。

「みどりのころから名古屋が注目されだして、美栄や友加里ちゃんがいて、そこに安藤さんが出たことで、新しい星、光がパッと出てきた」

若いころから、東京や大阪への気後れを払拭するため、心血を注いできた満知子にとって、それは感慨深い瞬間だったのではないか。

「いや……。名古屋がすごいなんて思いは全然なくて。いつもと変わらない。何も。まだ頑張らなきゃ、まだ頑張らなきゃと思っているだけで」

そんな返答に得心がいく。このコーチにゴールはない、常に道半ばなのだと。

「今でも『何人も強い選手を出してすごいですね。もう、いいでしょ?』と言われるけど。よく考えたら、そうかもな、とも思うけど。実感が、あんまりないのよね」

目の前にいる選手を全力で導くだけ。その日々の繰り返し。そんなフラットな生き方が、名伯楽と呼ばれる所以《ゆえん》の一端のように感じる。

当の全日本選手権で恩田、中野に続いた名古屋市出身の2人の門下生——。それが7位の浅田真央と、姉で8位の舞だった。

リンクサイド❸

クリスマス会

高橋広史

小岩井久美子さんも、浅田真央さんも、「楽しかった」と口をそろえます。かつて12月の恒例行事だった氷上のクリスマス会。山田満知子門下生がワクワクしたイベントとはどんなものだったのか。時を30年ほど前に戻します。

この日ばかりは、開始前から名古屋・大須のスケートリンクは「ハレの日」に似た高揚感がありました。スイスイ滑る生徒や地元スケート連盟の関係者らの横で、生徒の父母たちや満知子先生に誘われた新聞社やテレビ局の記者たちが慣れないスケート靴を履いて、へっぴり腰で滑っては転ぶ。手すりにつかまらないと前に進めない大人を見て、子どもたちはますます得意げになります。

でも、いざ「氷上の運動会」が始まれば、子どもたちが大人たちの手を引っ張ったり、大きな体を後ろから押したりして助けてくれるのです。ごちゃ混ぜでチームをつくり、大玉転がしや玉入れ、綱引き――。歓声が絶えません。

障害物競走では、滑る足元と格闘しながらつるされたパンにかじりつき、あめ玉探しではトレーに盛られた粉の中に顔をドボッと埋める。真っ白になった顔を見合って、笑い声がリンクに響きました。

ゲームが終わるたび、勝ちチームの生徒がリンクサイドに一目散に滑っていきます。競争です。スケートクラブで用意したり、父母や記者が持ち寄ったりした景品の中から、早い者順で好きなものを選ぶのです。景品をリンクサイドの机に並べるのが満知子先生の役割でした。

生徒たちに喜んでもらおうと当時、20代だった記者たちが仮装した年もありました。あの一日は、取材する側とされる側の距離がなくなり、参加者全員でスケートを楽しみ、好きになる。みんなを巻き込んだ満知子先生の大仕掛けでした。

記者に対しても開放的で、かつ率直な満知子先生とは、こんなこともありました。2002年ソルトレークシティー五輪に向け、国内外の競技会で日本代表候補たちを追っていたときのことです。「最近、記者会見で○○ちゃん（私のあだ名）の質問は評判悪いわよ」と言われました。

フィギュアスケート取材の経験をある程度積み、分かった気になっていたのでしょう。

山田満知子さん門下生にとって毎年恒例だったクリスマス会。左から3人目が小岩井久美子さん＝いずれも1992年12月、名古屋市中区の名古屋スポーツセンターで

質問が上から目線だったのかしれません。そんな30代中盤の記者に、選手やコーチ側の雰囲気を伝え、忠告してくれました。時がたてばたつほど、あの一言は満知子先生の優しさだったと、胸に染みるのです。

クリスマス会の大玉転がし

たかはし・ひろし　1966（昭和41）年、東京都府中市生まれ。1990年、中日新聞社入社。1998年長野冬季五輪、2002年ソルトレークシティー冬季五輪、2008年北京夏季五輪を現地で取材。豊田支局長、北陸中日新聞経済部長などを経て、2022年7月から中日新聞運動部長。

Ⅳ 真央との愛の物語

21世紀を迎え、山田満知子さんの下に、もう一人の天才少女がやって来ます。フィギュアスケートの申し子、浅田真央さんと過ごした心躍る日々。私も地元紙の記者として間近に接しました。一方の真央さんは、大きな愛に包まれながら、スケートの楽しさを知ったと明かします。

グランプリファイナル女子で浅田真央さんが優勝、抱きついて喜ぶ山田満知子さん＝2005年12月、東京・国立代々木競技場で

1
天才少女と、再び

言葉にできない輝き

衝撃的な全日本選手権デビューを飾った浅田真央さん＝2002年12月、京都市の京都アクアリーナで

何と表現したらよいのだろうか。圧倒的な輝きに当てられ、目眩《めまい》すら覚えた。

２００２（平成14）年12月、中日新聞運動部の駆け出し記者だった私は先輩に連れられ、京都市で開かれた全日本選手権に来ていた。これがフィギュアスケート取材の初体験だった。

国内最高峰の舞台。そこで優勝した村主《すぐり》章枝《ふみえ》ら「お姉さんたち」をも凌《しの》ぐ注目を、小学６年生が集めた。浅田真央——。当時12歳だったが、特例でシニアの大会に参加していた。

薄紫色のコスチュームで登場したフリーの演技。幼く、愛くるしい。でも、次々と高難度のジャンプを跳びまくる。ポニーテールが楽しげに揺れ、パアッと笑みをあふれさせると、そのたびに観衆はぐいぐい引き込まれていく。

トリプルアクセル（３回転半ジャンプ）を、３連続の３回転ジャンプを跳び、最後は円を描くように左手を振りながら、ニッコリとポーズ。瞬間、どっと拍手が湧き起こる。群を抜く存在感。いや、未知の存在と言った方がピッタリか。一体何なんだ、この子は——。ひたすら戸惑ったことを、とてもよく覚えている。なぜなら、この躍動を記事でうまく伝え切れず、後に上司にこっぴどく叱られたから。余計に記憶は鮮明だ。

これが私の真央とのファーストコンタクト。それは、リンクサイドでこれ以上ないほど目を細めていた、山田満知子との初対面でもあった。

この大会、上位10人中、6人を愛知勢が占めた。そのうち安藤美姫、鈴木明子を除く4人が満知子の門下生。2位の恩田美栄《よしえ》、6位の中野友加里、7位の真央、8位は姉の舞だ。姉妹での躍進に、真央は「お姉ちゃんに勝ててうれしい」との談話を残している。

あの姉妹が、うちに

満知子の下に真央がやって来たのは2001（平成13）年が春めいた、小学5年生になるころ。2歳上の姉、舞と共に。強烈なインパクトを残した初出場の全日本選手権より、1年半ほど前のことだ。

すでに真央は全日本ノービス選手権Bクラス（10歳まで出場可能）で優勝するなど、注目を集める存在だった。

「うーん。あんまり覚えていないけど……。前から私のところに来たかった、みたいな感じで、お母さんが言ってこられたかな。まあ、ちっちゃい子どもが自分から、というわけではないよね。お母さんが習わせたくて、私のところに来たのだと思います」

薄れゆく記憶の中でも満知子がはっきりと覚えているのが、姉妹の母から伝えられた「強い希望」だった。

浅田舞さん㊨と真央さんは姉妹で山田満知子さんに師事した＝2003年3月、名古屋市内で

「浅田さんのところは、姉妹でオリンピックに出るのが夢だった。だから、できれば舞を頑張らせたい。『舞をお願いします。真央はほっておいても、勝手にやるので』みたいな感じだったね」
名古屋で生まれ育った姉妹は、他のスケートクラブで活動していたから、もちろん満知子も面識はあった。
「舞も真央も、名古屋のローカル大会で見ていましたから。何て言うんだろう。スケートのセンスのある子。才能豊かな姉妹だなというのは知っていましたよ。うちに来て、見て、びっくりしたんじゃなくて、もともと知っていたので。その子たちがうちに来てくれるんだ、って感じかな。前から光っていました」

ダイヤの原石と共に進む道を、満知子は高揚感を胸に見据えていた。一方、真央は何を思っていたのだろうか。

怖いのかと思ったら

実に18年ぶり。当時は15歳と32歳だった。フィギュアスケートを担当していた2006（平成18）年春以来となる真央の取材に、私は年がいもなく、いつも以上に緊張していた。

「ご無沙汰しています。覚えていますよー」。33歳になった彼女の明るく、柔らかな懐かしい声を聞き、スッと肩の力は抜け、途端にあのころへと引き戻された。

早速、お願いしていた満知子との思い出を尋ねる。まずは出会い。「小学生の時なんですけど」と明快な説明が始まった。

まだ他のクラブに所属していたころ、通っていたリンクが月曜日は休みだった。「だから、満知子先生がいらっしゃる大須のリンク（名古屋スポーツセンター）へ、練習に行っていました」。小さいころから憧れていた伊藤みどりを育てた名コーチということは、もちろん知っていた。

「そこで一度、先生に『頑張ってね』って声を掛けてもらったんです。その時はまだ、指導を受

山田満知子さん㊨とともに文部科学省の表彰を受けた浅田真央さん＝2005年6月、東京都内で

けていなかったんですけど、それがすごくうれしくて」

その後、５年生から満知子の門下生となる。

「先生は金髪だったんです。それで、すごく怖い先生なのかなと思ったら、全然。反対に『優しいの塊』のような。すごく愛にあふれた先生で、スケートの楽しさを教えてもらいました」

例えばジャンプの練習も、ただ跳ぶだけではなく、みんなで集まって、課題を成功できたら景品をもらえたり。年末恒例の「クリスマス会」も同じ「山田グループ」の先輩、小岩井久美子が話していたように、真央もとても楽しみにしていた。

「フィギュアスケートという競技の部分だけでじゃなくて、まずはスケートの楽しさというのを先生から教えてもらったなというのがあります。すごく大切な思い出がたくさんありますね」

楽しげな回顧は続く。

いつも一緒に一生懸命

真央が明かす満知子との大切な思い出は、もちろん、受けたフィギュアスケートの指導も大きな部分を占める。

「朝から晩まで先生もリンクにいて、という感じだったんですが。指導にも『愛』があって。まるで、私たちと一緒に滑ってくれているような感覚でしたね」

例えばジャンプの練習。跳ぶ瞬間、満知子も力を込めて、声を張り上げた。まさに「一心同体」だった。

生徒の手を引いたり、二の腕を持ったり。満知子の教える姿を思い出し、真央は「手を持ってくれるんですけど、すっごく先生の力が強くて、セーターの脇のところがいっつも破けちゃう」と苦笑。そして、続ける。

「それぐらい熱心に、いろいろとしてくれました。それだけ先生も一生懸命。大きな愛をたくさん私たちにくれたので、痛さも全然ありません。こちらも一生懸命に頑張りたいという感じでした」

山田満知子さん㊧の指導を受ける浅田真央さん＝2005年11月、名古屋市中区の名古屋スポーツセンターで

伊藤みどりから受け継ぎ、真央の代名詞となったトリプルアクセルは、満知子の下で跳べるようになった。

「先生は体を使って指導してくれることが多くて。私は小学5年生ぐらいだったんですけど、いっつも先生が体を持って、グッと持ち上げてくれて」

そうやって感覚を養っていった、スペシャルジャンプへの思いは格別だ。

「それは、もう間違いなくあって。やっぱり、すごく憧れている永遠のスターのみどりさんが、女子では世界で初めて跳んだ。それも名古屋からということで。私も同じコーチの満知子先生に習っていて、私がみどりさんからバトンを受け取る、みたいな。そんな気持ちで、ずっとやっていました」

語気が強まった。

すべて持っている子

伊藤みどりと浅田真央——。どうしても比べたくなるフィギュアスケート界の逸材同士。ともに指導した満知子は、こう表現する。

「みどりちゃんは、やっぱりジャンプ力のすごい子だよね」

よく引き合いに出されるのが、2人が跳んだトリプルアクセルの比較。みどりのジャンプはとにかく高かった。みどり本人も「こだわりを持ってやってきた」と自負を語ったように、抜群の跳躍力で世界を驚かせた。一方の真央のジャンプは、バランス良く体を使うことで速い回転を生み出していた。

「でもジャンプが高く跳べるから『フィギュアスケートに向いている』かというと、それは別問題で」。そう話す満知子が感銘を受けたのが、真央が醸し出す雰囲気や、かわいらしさだ。「真央ちゃんは音楽を奏でるとか、繊細さ、上品さとか、いろんなものを、フィギュアスケートの選手に必要なものを、みんな持っている子でした」

後に真央の代名詞ともなるビールマンスピン。片方の脚を背後から伸ばし、頭上に高く持ち上げたブレードを両手でつかみながら回転する華麗なスピンは、高い柔軟性を要する。満知子は真央の才能の一つ、体の柔らかさも「本当に素晴らしかった」と振り返る。

「みどりちゃんでまだ盛んではなかったフィギュアを世の中の人に知ってもらい、真央ちゃんによってその美しさを知ってもらった感じかな」

みどりとは、また違う輝きを放つ真央との出会い。それは満知子にとって、やはり心躍る出来事だった。

そして「それらは、つくり上げるものじゃない。持って生まれたものがあるから。天性プラス、やっぱりお母さんが娘さんたちをどう育てたいのか。そういうものが、ぴったりだったんじゃないのかな」と姉妹の母匡子《きょうこ》を思い出す。

母娘の絆　友は支える

満知子にとって、舞、真央の母匡子は忘れ得ぬ人だ。

「真央たちはまだ小さかったので、私は2人のママとよく会話をして、いろいろとやっていました。ママには、姉妹を『こう育てていきたい』という、しっかりとした考えがあった。それは間違っていないし、だから、ママに付いて行けばいいかなというのはありましたね」

その「ママ」の印象を、満知子は「子どもの教育というか、フィギュアスケートに100％の力を注いでいらしたよね。全てを舞と真央に捧《ささ》げていた」と語る。

リンクサイドで満知子は、匡子と「ずっと話していた」と明かす。

「今まで先生は、どういうふうにフィギュアスケートをしていらしたの？」

「どうすれば（伊藤）みどりちゃんみたいになれるの？」

「今、何を考えているの？」

そんな感じで質問攻めにあっていたと苦笑する。「私、あんまり好きじゃないんです。そうやって親御さんに聞かれるのが」。ところが物おじしない匡子との会話は、不思議と苦痛ではなかった。

「きっと浅田さんのママは、お話し上手だったのかもしれません。嫌な感じは持ちませんでしたね。興味を持って私は聞いていましたし、答えていたような気がします」

全身全霊を懸けて娘たちを支える。そんな母親に、姉妹も全幅の信頼を寄せ、付いて行く。満知子は、浅田親子との立ち位置を説明した。

「みどりの時は私の力というか、私もというか、私とみどりで勝ち取ったというのがあったけど。本当に手助けしたという感じだよね、真央の時は。いつもママがいるのよね、真央たちの時は。親子のつながりが強かったよね」

満知子にとって、匡子は盟友だった。「うん、友だちみたい。だから、亡くなった時は信じられなかった」。2011(平成23)年、48歳の若さで永眠したことは、大きなショックだった。

お母さんのお母さん

満知子は、舞と真央の母匡子と、いつもリンクサイドで熱心に話し込んでいたと述懐するが、その光景を真央も覚えている。

満知子の自宅は、浅田家と山田グループのホームリンク、大須の名古屋スポーツセンターの中間辺りにあった。「だからリンクへの行き帰りも、私たちは先生と一緒のことが多かった。車の中でも、母と先生がずーっと話していたイメージです」

満知子について、真央は匡子からこんなことを聞いていた。

「母は若いころに自分の母親を亡くしているので、満知子先生のことを『自分のお母さんみたいだ』って言っていました。先生から学ぶことがすごくあるし、先生も教えてくれるから、お母さんみたいな存在だと言っていたのを、すごく覚えています」

満知子のことを、例えば実際に一緒に暮らし、衣食住を共にした伊藤みどりはもちろん、その6歳下の小岩井久美子も、母親のように思っていたと明かしている。そんなふうに教え子たちが抱いてきた感情を、時がたち、教え子の母親である匡子も持っていた。満知子が配る愛は、いつしか生徒という枠からあふれ出していたのだ。

「母は人生の勉強になる話を、たくさん先生としていたのだと思う。母がそう言っていたのを覚えているから」。かみ締めるように、真央は話してくれた。

母匡子と満知子の愛に包まれ、さらに満知子を慕う匡子の思いを感じながら、大好きなフィギュアスケートに没頭した子ども時代。それは間違いなく、真央の言う「大切な思い出」の一コマだった。

2 偉大な背中を見つめて

天真らんまん　でも強い

満知子の下、真央が最も輝いたのは2004（平成16）年秋からの2シーズンだろう。私も中日新聞運動部から異動した中日スポーツ報道部で、ちょうどその期間にフィギュアスケートを担当し、地元の「至宝」への密着取材を命じられていた。

同行した2005年3月の世界ジュニア選手権（カナダ・キッチナー）で、14歳の真央は初出場とは思えないはつらつとした演技で会場をとりこにした。

予選では違う曲が流れるハプニングも、「プリーズ」とカタコト英語で交換を要求。ショートプログラムでも演技中に右の靴ひもがほどけたが、慌てず審判にアピール。再開後も完璧に滑り切り、首位に立った。

当地にはテレビの仕事で伊藤みどりも訪れていた。真央はフリーで、みどりがかつてアイスショーで着用していた衣装を借り、目の前でトリプルアクセルを成功させ優勝を飾った。取材ゾーンで待ち受けたみどりは「おめでとう、やったね」と真央を抱き締めた。

「世界的大スターの衣装を着て滑らせてもらえることなんてなかなかないですし、本当に満知子先生にはたくさんの特別な思い出をいただきました」と真央は感謝する。

次から次へと起こるハプニングを物ともせず、軽やかに高得点をたたき出した。天真らんまん、だけど強い——。このギャップこそ、当時の真央が放つ最大の魅力だったと思う。

かつて教え子の小岩井久美子を導いた、ジュニア世代の大きなタイトル。だが満知子は、その時とは違う感覚だったと振り返る。

「真央が優勝できて良かったなと思いましたが。何て言えばいいのかな。自分の力とか、自分のものじゃなくて、預かりものではないけど、そんな感じで。そういう意味で良かったな、という感じかな。真央が優勝できて『日本にいるお母さんも喜んでみえる』という感じだったと思う」

快進撃　芯があるから

3月に世界ジュニア選手権を制した2005年の秋、トリノ五輪が待ち受ける新たなシーズンが幕を開けると、真央の本格的なシニアへの挑戦が始まった。

グランプリ（GP）シリーズは2戦にエントリーした。ところが満知子は、いずれも同行しなかった。「頭を打ってね。それで海外へは」。リンクで転倒し、体調が万全ではなかったからだった。だが、あまり心配はなかったと明かす。

「芯のしっかりとしたお嬢さん。真央は。みどりより、気持ちは強いですよ。私が教えていた中で、一番強いんじゃないかな。ほんわかとした、妖精みたいに見えるけど、でも、しっかりしている。しっかりとした信念を持っていて、だからみんなに流されず、それを押し通していけるんじゃないかな」

かわいらしく、華やかな雰囲気の裏に貫かれた、アスリートとしての太い芯。間近で接するコーチだからこそ知る、真央の真の姿だった。

その初戦、中国杯（北京）で真央は、日本にいる満知子から電話でもらった「一番年下なんだし、元気いっぱい滑りなさい」という助言に従い、存分に躍動した。いきなり2位と表彰台に立つ。

そして、続くフランス杯（パリ）で優勝を飾ってしまった。トリプルアクセルを成功させ、「くるみ割り人形」の曲に乗って、氷上に軽やかにステップを踏んだ。

サーシャ・コーエン（米国）、荒川静香といった、トリノ五輪でメダルを獲得することになるシニアの強豪たちを抑えての勝利で、12月のGPファイナル（東京）進出を確実にした。

一気に頂点　怖いものなし

真央は2005年12月、東京でのGPファイナルに駒を進めた。NHK杯など計6大会のGPシリーズの、成績上位6選手による「頂上決戦」。特に当シーズンは、明けて2月にあるトリノ五輪の前哨戦の意味合いが濃かった。

そんな輝かしい舞台で、初出場だった真央が優勝を飾ってしまう。ショートプログラム（SP）でトップに立ち、フリーではトリプルアクセルを成功。SP、フリー、トータルの全てで自己ベストをたたき出しての完勝だった。

体調不良から復帰した満知子はリンクサイドで見守り、笑み満面に真央を抱き締めた。有名すぎるシーンだ。

ただ、15歳の逸材と迎えた歓喜の瞬間も、胸中は落ち着いていたと明かす。

グランプリファイナル優勝が決まり、浅田真央さん㊧と喜ぶ山田満知子さん＝2005年12月、東京・国立代々木競技場で

「みどりの時もそうだけど、『なるべくしてなったな』という感じだったかな。真央は順調に育っていっていたので」

世界ジュニア選手権を制し、シニアに本格参戦するとGPシリーズで着実に実績を積み上げた。大事な成長期に、しっかりと上昇気流をつかんで、一気に世界の頂へ。真央の能力を間近で見続け、信じていたから、世間を沸かせた快挙も、満知子には必然の結果に思えた。

真央も、あの時代の充実ぶりを語る。「自分のスケート人生の中でも、ターニングポイントになったシーズンだったと思う。小学5年生から満知子先生のところにいて、母と先生と朝から晩まで、すごく練習してきたおかげだったと思います」

「真央番記者」として、私もワクワクしながら取材していたと、当時の心境を伝えると、真央は「怖いものなし、みたいな感じでした」と笑った。

ルールを曲げるなんて

2005年12月のGPファイナルで、15歳の中学3年生、真央が世界一となった。

前シーズンの世界女王、イリーナ・スルツカヤ（ロシア）を破っての快挙は、本人たちの意識とは関係なく、波紋を広げることになる。明けて2月、イタリアで開かれるトリノ五輪への出場資格が、真央にはなかったからだ。

五輪、世界選手権に出場するには前年の7月1日（スケート界の年度替わり）の前日までに15歳になっていなければならないという規定があった。9月25日生まれの真央は、3カ月ほど足りなかった。

それでもトリノ五輪の優勝候補を撃破した完勝に、「特例」を求める声が上がる。そんな周囲の喧騒《けんそう》を、満知子は淡々と見つめていた。

「オリンピックに出られないのは、急に決まったわけではないので。多分、真央もそうだと思うけど、最初から分かっていたのでね。ルールを変えようとしているって、そんなの無理だよと」

ルールの中で競い合うのがスポーツの醍醐味《だいごみ》。そこで重ねてきた練習の成果を存分に発揮し、目いっぱい華やげば、それでいい。勝利や、五輪至上主義とは一線を画してきた、満知子らしい「潔さ」だった。

それは、教え子の真央も同じだった。「たまたまトリノのシーズンに、シニアの大会に出させてもらって優勝できた。周りの人は『何で出られないんだ』ってなったけど、私は次のバンクーバーが自分の最初のオリンピックだって思っていたので。それは、もうルールなので深く考えていませんでした」と振り返る。

そして、もう一つ、記しておきたいこと。このGPファイナルには中野友加里（3位）と安藤美姫（4位）も出場していた。つまり頂上決戦の舞台に立った6人のうち、真央を含めた半数が愛知出身だった。

競い、高め合える幸せ

ただ人生は順風ばかり吹かない。トリノ五輪が閉幕した直後、2006年3月の世界ジュニア選手権（スロベニア・リュブリャナ）で、真央は連覇を逃した。GPファイナルでシニアの世界一になりながら、ジュニアで敗れる。世代交代の足音が確実に近づいていた。

優勝した金妍児《キムヨナ》（韓国）とは、その後も名勝負を繰り広げることになる。2人の関係を、満知子はどんなふうに見ていたのか。

「ずっとライバル。良い勝負だったんじゃないかな。真央ちゃん、金妍児さんのスケート人生の中で。2人はタイプが違う。こちらはかわいく、華やか。あちらは違う形の美しさがあった。もちろん、真央に勝ってほしいというのはありましたが、私は、それぞれをたたえています。2人の差は、あまりないと思う」

トリプルアクセルを武器に一世を風靡《ふうび》した伊藤みどりにも、カタリナ・ビット（東ドイツ＝当

世界ジュニア選手権で会見する浅田真央さん㊧と金妍児さん
＝2006年3月、スロベニア・リュブリャナで

時）やクリスティ・ヤマグチ（米国）といった、五輪や世界選手権でしのぎを削ったライバルがいた。孤高の逸材だからこそ、高いレベルで競い合える強敵は、本当に大切な存在なのだろう。

「金妍児さんだけではなく、恩田美栄さんや中野友加里さん、安藤美姫さん、鈴木明子さん。男子にも高橋大輔さん、織田信成さん。本当にたくさんの素晴らしいスケーターがいたからこそ、自分もたくさん刺激をもらえたし、頑張ろうと思えた。そんな時代に私も一緒に滑ることができて、幸せだったと思います。やっぱり注目してもらえなければ、これだけ多くの方に応援してもらえなかったと思うので」

当時を振り返った真央は「そういった意味では、すごい黄金メンバー、ははは」と笑う。そして「伊藤みどりさんだったり、荒川静香さんだったり、素晴らしい方々がいての私たちの時代なんですけど」と先輩たちへの敬意を口にした。

行きなさい　輝ける道へ

トリノ五輪が終わり、バンクーバー五輪へ。次の4年間が動き出した。2006年の夏、真央は満知子の下を離れ、米国に拠点を置くことになった。満知子から提案し、真央の母匡子と話し合って決めたという。

「もう、うちにいるべきじゃない。コーチも、もっと素晴らしい人がいるんじゃないかなと。この子にふさわしい。みどりの場合もなきにしもあらずだったけど、みどりが行きたくないということだったので。真央はもうちょっと洗練されたアメリカとかロシアで習ったら、また違う光が出てくるのではないかと思っていましたので」

そこに垣間見えるのは、子どもたちにフィギュアの楽しさ、素晴らしさを伝える「普及型」のコーチであるという自負だった。

「私は一流の選手を育てる先生じゃないのよね。自分が一流だと思ったこともない。だけど一生懸命に勉強して、一生懸命にやって。何て言うのかな、いっぱい世の中には素敵《すてき》な先生がい

中京大中京高校の入学式を終え、笑顔を見せる浅田真央さん＝2006年4月、名古屋市昭和区で

るけど、私は私なりの流儀で、『普及部』の感覚で教えているので。そうやって愛されるスケーターをつくり上げているんですけど」

高校生になった真央は、大人の階段を上り始めた。飛び立つのは「今」だと、満知子は強く思った。

寂しくなかったか――。

「そうだね。寂しくないわけではないけれども。私は、前から言っているように『普及部』の先生なので。そこまでやってあげられるか、どうかとか。やれる先生になりたいと、努力はしたと思う。多分、みどりちゃんを教えている時よりは、私も随分勉強させてもらって、上手にはなっていたとは思うんですけど。でも、私が握りつぶさない方がいいんじゃないかとか。真央ちゃんだけのことではなくて、その時々でね」

願うのはいつも、教え子たちの幸せだった。

真央に憧れていた

5年余り。真央と過ごした日々について今、何を思うのか。

「どういう言い方をすれば、変じゃなく、私の気持ちが伝わるかな」。満知子は少し考え込み、それから胸の内を明かしてくれた。

「真央は『預かりもの』という感覚があったと思う。いずれこの子は、いなくなると。だから、うちにいる間だけでも頑張らせなきゃと思っていたのかもしれないね」

巣立ちを予感しながら、その日まで、懸命に導いた。

「一緒に過ごしていて、楽しくて。私の大好きなものを持っているスケーター、それが真央ちゃんだった。その子を私が見させてもらっている、そんなうれしさはありましたね。『名古屋にもこんな素敵な子がいるのよ』って」

上品さ、高貴さ、美しさ。そういったフィギュアの芸術性の追求を現役時代から目指した満知子に、真央はキラキラと輝く特別な存在だった。

「私にとって、真央はすごい人。大好きだったし、逆に言ったら憧れていたかもしれない。私も『ああいうスケーターだったらな、うらやましいな』と」

名コーチと呼ばれ久しいが、50歳近く差のある教え子へのリスペクトを隠さない。

「どこか一歩下がって、真央を応援させてもらっていたんじゃないかな」。そんな立ち位置は、真央が現役を終えてからも変わらない。

自ら企画し、立ち上げたアイスショーに専心する姿に「やっぱりすごいな。曇りがない。彼女は真っすぐに貫いている、自分を。私はみんなに助けられて、ヒョロヒョロと生きてきたけど、彼女は一人で頑張っている。素晴らしいよ」と敬意を表した。

大きな愛　今度は私が

２０１７（平成29）年に現役を引退し、プロフィギュアスケーターとなった真央は、座長として次々とアイスショーを成功させてきた。

２０２４年6月に公演した3作品目、「Ｅｖｅｒｌａｓｔｉｎｇ33」に込めたテーマは「永遠の愛」。それは、満知子が生徒たちに「愛される、記憶に残るスケーターになりなさい」と伝え続ける思いに通じる。

しみじみと真央は言う。

「当時はトリプルアクセルが跳びたいとか、金メダルが取りたいとか、そっちの目標の方が強くて、自分の中に落とし込むことができなかった。今になって、先生が言ってくれていた意味が、すごく分かります」

痛感するのは、一人では何もできないということだ。「皆さんの応援がなければ、見に来たいと思ってもらえなければ、自分のアイスショーは開催できない。そういった意味では、先生に教えてもらったことは、常に頭にあります。やっぱり母にも、それをずっと言われてきたので」

世界ジュニア選手権に向け笑顔で出発する浅田真央さん㊨と山田満知子さん＝2006年3月、中部国際空港で

真央は、満知子のことを「あれほど愛にあふれた先生はいないんじゃないかなと思うぐらい、たくさんの愛をくれた先生ですね」と話す。そして今も、その背中をじっと見つめ続けている。

「将来は自分も未来に輝くスケーターを育てたいという思いがあるので、満知子先生のような愛にあふれたコーチになりたいと思います。先生は一人一人と向き合って指導してくださる。本当に特別な、偉大なスケートの先生だと思います。私も先生みたいになれるように、そういう夢はあります」

これから歩む人生に思いを馳《は》せ、静かに語った。

「満知子先生がつくってきた時代がみどりさんに受け継がれて、私たちに受け継がれていく。これは永遠に続くループ。満知子先生に感謝をしながら、スケートへの愛を次の世代の子たちにつないでいきたいと思います」

永遠の愛の中を生きていく。

リンクサイド❹

忘れ得ぬ人

高橋隆太郎

本書にも記した通り、私は2006年春までの2シーズンをフィギュアスケート担当として過ごし、山田満知子先生と浅田真央さんと身近に接してきました。そして、真央さんの母匡子《きょうこ》さんについて満知子先生は「友だちみたい」と語りましたが、私にとっても「忘れ得ぬ人」になりました。

出会いは2005年2月末。世界ジュニア選手権（カナダ・キッチナー）に初出場する中学生の真央さんと満知子先生の見送り取材に、開港したばかりの中部国際空港（愛知県常滑市）を訪れていました。後日、当地へ向かうことになっていた私に「カナダに行かれるんですよね。真央をよろしくお願いします。あの子、チョロチョロと危なっかしいので」と声を掛けてきたのが、匡子さんでした。

こちらも初の海外出張で、不安いっぱいなんですけど――。心の中でつぶやきながら、作り笑いを浮かべたことを鮮明に覚えています。

以来、真央さんへの密着取材を命ぜられていた私は、自然と匡子さんと顔を合わせる機会が増えました。満知子先生も「真央たちはまだ小さかったので、私は2人のママとよく会話をして、いろいろとやっていました」と振り返りましたが、私も同じでした。

当時、中日スポーツ報道部に在籍していたため、フィギュアスケート以外のお願い事（例えば舞さんと真央さんが務めた中日ドラゴンズ主催試合の始球式の事前単独インタビューなど）も多かったのですが、どんな時も可能な限り協力してくださいました。

でも匡子さんは、自身のコメントの紙面掲載や写真撮影は頑《かたく》なに辞退されました。いつも2人に寄り添いながら、黒子に徹していた姿が印象深いです。今回、満知子先生の「全てを舞と真央に捧《ささ》げていた」という回想を聞き、大きくうなずきました。

私がフィギュア担当を離れても、交流は続きました。やがて2人の子どもの父親になった私にとって、舞さんと真央さんを大きな愛で包む匡子さんは、間違いなく手本とする存在でした。

2011年12月、48歳での訃報に言葉を失いました。そして、2014年ソチ五輪開幕に合わせ書いたのが、この「取材ノート」。今も尽きない感謝を込め、再録させていただきます。

団体女子ＳＰ出場が決まり、笑顔で練習する浅田真央＝共同

母の優しさに包まれて

取材ノート

受話器越しの声は今も鮮明によみがえる。

２０１０年３月。浅田匡子（きょうこ）さんとの会話は、自然と閉幕したばかりのバンクーバー冬季五輪へ及んだ。初の五輪に臨んだ当時19歳の次女の真央が、フィギュアスケート女子で銀メダル。韓国の金妍児（キム・ヨナ）に敗れ流した大粒の涙が忘れられないと伝えると、匡子さんは笑いながら答えた。

「悔しかったけど、でも金メダルを取れなくて良かったんじゃないかな。取っていたら、真央はスケートをやめてしまったかもしれない。燃え尽き症候群ってやつ」

良かったなんて、そんなはずはない。まな娘とともに立ち上がり、前に進もうとする母親は、こう続けた。「成人するまでが親の役目だと思っているの」。20代で初めて迎える次の五輪へと視線を向けていた。

「あのころは楽しかったね」。明るい声は昔話へと進む。記者がフィギュア担当だったのは06年3月までの2シーズン。取材現場に常に現れていたのを、真央が最初は不気味がっていたと明かした匡子さんは、ケラケラと笑い「それ今度、真央が金メダル取ったら書きなよ。絶対に面白いよ。金メダル取ったら絶対に1面に書いてね」。からかいながら繰り返した「金メダル」が記憶に残る。

そんな記事を書き、読んでもらえると疑わなかった。11年12月、48歳の匡子さんは永眠した。

亡くなる前年、真央が20歳の誕生日を迎えた9月に一通の手紙が届いた。父親となっていた記者に、匡子さんはこう語り掛けてくれた。

「あの真央も20歳になりました。時のたつのは早いね。子どもさんを育てていくことにより、また違う自分を発見されたと思います。守るものがあるっていいですね」

ソチ五輪が開幕した。真央は集大成のリンクに一人立つ。強くて厳しくて、そしてどこまでも優しかった匡子さんの、無尽の愛に守られながら。

（高橋隆太郎）

2014年2月8日、中日新聞より

Ⅴ　佳菜子、昌磨　そして道は続く

浅田真央さんが巣立った後も、山田満知子さんは村上佳菜子さん、宇野昌磨さんといった逸材たちを、次々と世界の大舞台へと送り出していきます。そして81歳となった今も、歩み続けます。最も華やげる場所というリンクサイドに立ち、変わらず子どもたちを見守っています。

全日本選手権の公式練習で宇野昌磨さん㊨を笑顔で見つめる山田満知子さん＝2017年12月、東京都調布市の武蔵野の森総合スポーツプラザで

1

綺羅《きら》、星の如《ごと》し

花盛り　にぎやかな時代

生まれ育った名古屋でフィギュアスケートのコーチとなった山田満知子は、先進地だった東京や大阪に対する気後れを何とか払拭したいと、子どもたちと歩んできた。

そんな時代も、今は昔。伊藤みどりを日本フィギュア界初のメダリストに育てると、その背中を追うように21世紀を迎え、地元の逸材たちが躍動し始める。恩田美栄《よしえ》がソルトレークシティー、安藤美姫がトリノと五輪の舞台に立った。

そして2010年バンクーバー五輪では、満知子の下から巣立った浅田真央が、銀メダルに輝いた。この大会、特筆すべきは安藤（5位）と鈴木明子（8位）を加えた女子代表の3人、男子代表の小塚崇彦（8位）が愛知出身で、その全員が入賞を果たした。

バンクーバー五輪を終え笑顔で感想を語る（左から）浅田真央さん、安藤美姫さん、鈴木明子さん＝2010年2月、カナダ・バンクーバーで

愛知の、名古屋の時代の到来と言ってもいいだろう。そのけん引役として、子どもたちを導いてきた満知子は「良い選手が集まると、自然に華やいでいくんです」と語る。

「すぐ隣は敵でしょ、リンクの中で。苦しいのは苦しいでしょうが、やっぱり伸びてきますよね。他に良い選手のいないところは、本人がある程度までいくと妥協してしまうので。次から次へと上がいると、やっぱり、自然に伸びてきますよね」

数カ所しかないスケートリンクで、所属クラブは違えど、小さいころから顔を合わせ、お互いを意識しながら練習を重ねる。フィギュア界というそれほど広くない世界で、ずっと競い合う。まさに切磋琢磨《せっさたくま》のたまものだ。

「その当時、名古屋は強かったですよね。そして、みんな仲良くしていました。選手同士が。競争相手でしたけれど、良い感じでしたよ」

先に世界へと羽ばたいたお姉さんたちより、ちょっと年下。ワイワイ、ガヤガヤとした輪の中で、ひときわ明るく、朗らかな才能が満知子の手の中で育まれていた。

チャカチャカ　楽しい孫

満知子との縁は、村上佳菜子が生まれて間もないころに始まる。6歳上の姉が満知子に習っており、ベビーカーに乗せられ一緒にリンクへとやって来ていた。必然のように3歳でフィギュアスケートを始めた。

「佳菜子はチャカチャカした存在感のある子。だから、みんなにも人気があって、リンクでワイワイとやっていました。今、テレビなどで芸能の仕事をさせてもらっているんですけど、あの通りのね」

　そんな佳菜子を、満知子は「孫」と呼ぶ。つまり、自身は「祖母」だ。伊藤みどりや小岩井久美子にとって満知子は「母」だった。あらためて、半世紀を超えるコーチとして歴史の長さを感じる。

「みんな、ちっちゃい時から面倒を見ているから、わが子のようではあるんですけど。みどりは母親代わりでしたけど、佳菜子はチョット違う味わいかな。私の中では」

　満知子にとって、やっぱり基準はみどり。フィギュアに関して比較すれば「すごく能力があるというより、活発な子なので、まあ普通より上という感じ」と佳菜子へのハードルは当然高くなる。でも、それが満知子にとっ

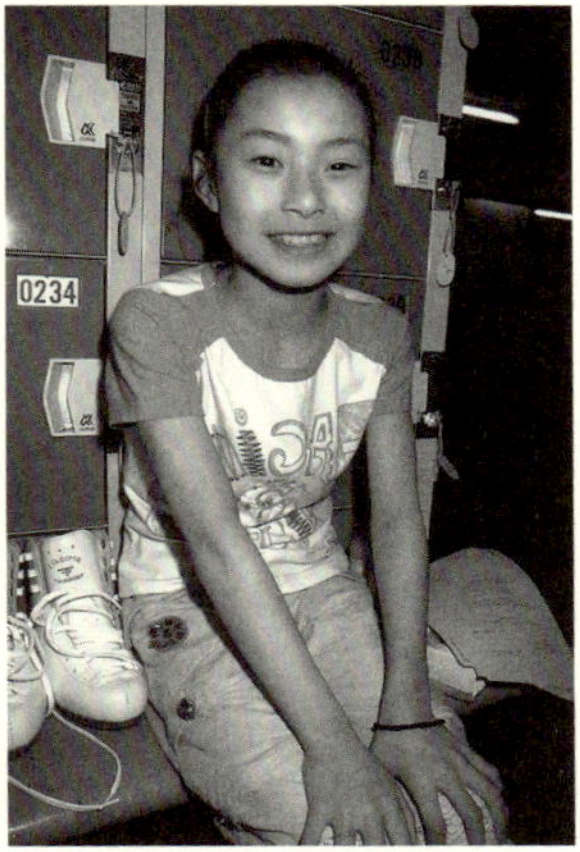

次世代のホープとして注目を集め出した11歳の村上佳菜子さん＝2006年10月、名古屋市中区の名古屋スポーツセンターで

ては心地良かったと明かす。

「みどりのようにレベルも高くなかったし、外からの圧力もなかったから、ハハハ。みどりの時は私も若かったたし、本当に大変だった。楽しいというより、大変だった。佳菜子の時は、楽しい方が大きかったかな」

だから、記憶をたどり、こんなふうに話す。

「オリンピックに行ったんだよね、佳菜子は。そこまでいくとは。まあ、みどりの時も、どの子でも、最初からオリンピックに行けるとは思っていないんですけど。あの素直さというか、天真らんまんさというか、みどりと違うキャラクターがスケートに出ていたかな」

それぞれの教え子との物語は、それぞれ違った味わいがある。

思いっきり泣ける　怒れる

51歳差の満知子と佳菜子の関係を、周囲も当人たちも「祖母と孫」と表現した。

「ほとんど、そうでしたよね。佳菜子もしょっちゅう、うちに泊まっていましたから。お風呂に入ったり、遊びに行ったり。選手と先生の関係を超えたお付き合いをしていました。だから、向こうにとっても先生であり、おばあちゃんだったでしょうね」

満知子が説明するように、ずっと家族ぐるみの関係が続いている。

「それだけに、試合で失敗したりすると、あちらさんも大泣きになりますし、こちらも大声で怒ることができた。何ていうのかな、私の気持ちもストレートに、向こうもストレートに出せる間柄。そういう点では、やりやすかったかな。やりやすかったけど、むちゃくちゃ腹も立った。へへへ」

そんな満知子の回顧を佳菜子に伝えると、こう応じた。

「めっちゃ、けんかしました、ははは。リンクで大声出したこともあります、私」

特に高校3年生ごろに「遅く来た反抗期」には、より激しく感情をぶつけた。それもこれも、家族のような絶対的な安心感があっての「甘え」だったと、今になって思う。

楽しい思い出も数知れない。「飛行機で試合に行く時、隣に座るんですけど、『いっせーの』で同じ映画を見始めるんです。そして2人で号泣。同じタイミングで。確か、ワンちゃん(犬)が出てくる作品だったと思います」

祖母と孫の二人三脚は、泣いて笑って。「うーん、楽しかったかな。佳菜子たちとレッスンすることが。今まで以上に楽しかったように覚えています。スケートもほどほどにうまくなってくれたのが、心地良くて。お仕事に行くのが楽しかったかな」。還暦を超えた満知子の肩から、程よく力が抜けていた。

五輪直前　勝負の決断

70歳だった満知子は「孫」の佳菜子とともに、２０１４年２月のソチ五輪を目指していた。しかし、自身４度目の大舞台への道のりは険しかった。

新しくしたショートプログラム（ＳＰ）が、どうもしっくりこない。

「海外の先生につくってもらったプログラムで、すごく良かったの。だけど、その曲では何回やってもジャンプが決まらないんです。リズムのある曲だったんですけど、そうするとリズムとジャンプのタイミングが合わないの」

リズムは無視して、自分のタイミングで跳びなさい――。そう指示はするものの、曲が流れているから、どうしても引きずられてしまう。

満知子の胸に葛藤が渦巻く。良いプログラムだが、当の選手がこなしきれない。時間だけが進んでいく。シーズンも深まり２０１３年12月１日の愛知県競技会、年下の選手にも負けて３

グランプリシリーズのロシア杯で山田満知子さん㊧の指導を受ける村上佳菜子さん＝2013年11月、モスクワで

位に終わってしまう。

「オリンピックを狙うには、もちろん1位でなければいけない試合で3位になっちゃって。いろんな人から期待されているのも感じていましたし、追い込まれていました」と佳菜子も述懐する。

そんな「孫」の苦しげな顔を見て、満知子は決断した。

「すぐに、その夜に貸し切りを取って、大須（名古屋スポーツセンター）で。つくってもらった先生には申し訳ないのですが、前にやっていたSPに戻しました」

五輪代表を決める月末の全日本選手権へ向け、突貫工事が始まった。

「そういうのってあるんですよ。その時の佳菜子に限らず」と満知子は語る。振り返れば、伊藤みどりも1992年のアルベールビル五輪に、シーズンに使っていたフリーの曲を変えて臨んだ。

このまま進むべきか、否か。難しい選択の連続は、人生にも通じる。積み重ねてきた経験が、決断を後押しする根拠となる。

めっちゃ喜んでましたよ

ソチ五輪の3枚の代表切符を懸けた2013年12月末の全日本選手権。19歳の佳菜子は、2シーズン前に滑った曲へと戻し、背水の思いで臨んだSPをミスなくまとめ、3位につけた。

そして運命のフリー。シーズンの不調を拭い去り、存分に躍動した。演技を終えた瞬間、取り戻した極上のスマイルを総立ちの観覧席に振りまいた。総合2位。1位の鈴木明子、3位の浅田真央とともに夢舞台へのチケットを手に入れた。

直前にプログラムを変えるという、満知子の経験に裏打ちされた荒療治が奏功した。「ずっと一緒にいて、先生が私のことを理解してくれていたからこその選択だったんじゃないかなと思います」と佳菜子はしみじみ語る。

「あの時は真央とアッコちゃん（鈴木明子）、安藤美姫さんもいたでしょ。絶対に佳菜子はダメだろうなと思っていたんですけど」

全日本選手権のショートプログラムを終え、泣きながら山田満知子さん㊨と抱き合おうとする村上佳菜子さん=2013年12月、さいたまスーパーアリーナで

愛知勢がしのぎを削ったハイレベルな争い。満知子は感慨深そうに振り返る。これで女子は4年前のバンクーバー五輪に続き、全3選手を愛知県出身者が独占した。

「私は案の定、オリンピックはあまり興味がないので」。でも、佳菜子と家族が猛烈に喜び、とても感謝されたことが印象深いと明かす。

「スポーツの選手にはオリンピックは夢なんでしょうね。『将来、オリンピックの選手になりたいから教えてください』って言う親が多いです。でも、私は『ほとんど、なれませんよ』って言いますが。みんな夢見て来るんでしょうね」

満知子の冷静な回想を伝えると、佳菜子は笑った。

「先生がめっちゃ喜んでくれたんですよ。それが一番うれしかったです。先生って、あんまり喜んでくれないんです。いい演技しても『いや、もっとスピード出せた』とか、言ってくるから。あの時はすごく褒めてくれて、うれしかったです。先生、喜んでましたよ。私には分かります」

楽しむ余裕　あったけど

2014年2月、「孫」の佳菜子とともにソチ五輪へ向かった満知子は、「すごく楽しかった」と明かす。すでに70歳。自身4度目の五輪はアシスタントコーチだった樋口美穂子に任せ、選手村には入らなかった。

「だから、オリンピックの街を佳菜子のママと堪能することができました。買い物も、ものすごくできましたし、へへへ。向こうは寒い国なんで、ブーツなんかも買ってね」

振り返れば、伊藤みどりと2度目に行った1992年アルベールビル五輪では、周囲の期待という重圧と必死に闘った。恩田美栄との2002年ソルトレークシティー五輪では、前年9月に米国内で中枢同時テロが起き、国際社会の抱える緊張を肌で感じる状況に直面した。コーチのキャリアとともに回数を重ねた五輪での経験。それは満知子のフィギュアスケート人生を語る上で、欠かせぬ風景となっている。

ソチ五輪は、報道陣の注目が、羽生結弦と浅田真央に集中していた。「五輪を楽しむ」とはよく言うが、そんな要因もあり、満知子にとって肩の力が程よく抜けた、そんな大会となった。

「楽しむ余裕？　そうそうそう。佳菜子の時はね。その罰が当たって、大変だったの」といたずらっぽく笑う。

初出場の緊張か。持ち味の快活さは息を潜め、佳菜子は総合12位に終わった。不本意な結果に、満知子は「最悪」とピシャリ。でも、すぐ、こう続けた。

「最悪だったけど、まあ、いいか。孫だからね」

いい思い出も、そうではない思い出も。今は、全てが懐かしい。

大会後、佳菜子は中日新聞の取材に、満知子が「ぎゅっと抱き締め『よく頑張ったよ』と言ってくれた」と明かしている。

私らしい私になれた

２０１７年に現役を引退した佳菜子は、満知子も目を細める明るいキャラクターを生かし、テレビをはじめとしたメディアの世界で輝き続けている。リンクを降りても人生は続く。その指針は、やはり満知子の言葉だ。

「こうやって、いろんな人とお仕事ができるのは、先生に『愛されるスケーターになりなさい』とか『初心を忘れないように』と教えてもらったから。人として。先生と血はつながっていないですけど、そのＤＮＡを受け継いでいるような。一緒にいたからこそ培われてきたものが今生きているんじゃないかなと、すごく感じます」

佳菜子は思う。満知子は生徒の人間性を尊重し、育むコーチだと。

「普通、コーチが一緒だとジャンプの跳び方とか表現の仕方とかが似てくるのですが、満知子先生の生徒は、みんな『色』が違うんですよ。それって、やっぱり先生が個々の人間性を気にしてくれるから、それがスケートに表れるのかなと、すごく感じています。多分、選手によって教え方も変えていたんじゃないかな。一人一人と向き合ってくれる先生だったので」

満知子へのメッセージをお願いすると「言いたいことがありすぎて、まとめられるかな」と笑い、言葉を紡いだ。

「村上佳菜子という人間をつくってくれたのは満知子先生です。先生がいなかったら、今の私はいないと思う。反抗期もあったけど、私にとってずっとあこがれの人なのかなって思います。みんなが先生のことを知りたいと思って、こういうふうに取材があったり。先生は、いつまでも愛されている。自分も先生みたいになっていきたい。すぐ『疲れた』とか『もう無理だ』とか言うんですけど、先生はまだ全然元気だと思うので、これからも素晴らしい選手を育ててほしいなと思います」

かわいい　かわいい　まじめ

フィギュアスケートを習う子どもは、圧倒的に女子が多い。「昔は本当に女の子ばっかりだったもんね」と振り返る満知子の門下生に、近ごろは男子も増えてきた。その代表的な存在が、宇野昌磨だろう。１９９７年生まれ、佳菜子の3学年下だ。

5歳の時、「大須のリンク」こと名古屋スポーツセンターでスケート教室に参加すると、近くで滑っていた中学生の浅田真央に「君かわいいね。フィギュアやりなよ」と誘われた——。

このやりとりについて、満知子は知らないが「かわいいから、みんな声をかけたり、話しかけたりしたんじゃないかな」と話す。

「教え出してから、お母さんも熱心だったし。でも、どうだったかな、いろんな大会で1位になったりするとかは、思わなかったよね」。そんな第一印象に、こう付け加えた。

「でも、何となく、フィギュアスケートに向いていそうな雰囲気はあったよね」

愛知県選手権で演技する12歳の宇野昌磨さん＝2010年2月、名古屋市南区の日本ガイシアリーナで

例えば真央が携えていた芸術性や、華やかさ、はたまた高貴な雰囲気か。

「いや、かわいい。かわいい」。とにかく満知子にとって、小さかった昌磨は「かわいい」のだ。

「いろんな大会に出るようになってから、何て言うのかな、みんなの目に焼き付くというか。滑っている姿、動作、ジャンプ。すべてが豪快とか素敵《すてき》ではなくて、『かわいい！』って感じ。こんなちっちゃくて、一生懸命にやって、すごい、みたいな。将来、上手になるんだろうな、という雰囲気はありましたよね」

相好を崩し、いたずらっぽい口調に、昌磨が持つ一途《いちず》さを織り込む。「苦労しているからね。ジャンプ力も、それほどあるわけでもなく。だから、まじめ。まじめ、まじめだった」

ドアは開けずに泣く

男子の指導は「すごく好きだった」と、満知子は明かす。

「私も女なので、女の子のことは全部見えちゃうの。嫌な部分もね。でも、私には男の子の気持ちは分からない。だから、好きなんだと思う。泣いたりしていると、純粋に『かわいそう！』と思っちゃう」

人間味あふれる回答に、聞いている側も思わず頬がゆるむ。

そんな昌磨との思い出を一つ。「お母さんが熱心でね。それは(村上)佳菜子たちも同じなんだけど、だから、よく叱られて泣いていた」

そんな時、まだ小さかった昌磨はスケートリンクに設けられた満知子の控室の前に来て、ワンワン泣いていた。満知子に聞こえるように。

「私がドアを開け『どうしたの』と聞くと、『ママに叱られた』って」

満知子は、昌磨に限らず「私は、どちらかというと子どもの味方をしていたのね」と明かす。

全日本選手権で男子9位となった中学2年、14歳の宇野昌磨さん＝2011年12月、大阪府門真市のなみはやドームで

だから、生徒たちの親に「そんなに叱らなくても、子どもは頑張っているんだから」と諭した。

「今、そんな話を昌磨にしたら、恥ずかしいって言うかもしれないけど。でも、みんなに懐いていたし、私にも懐いていたと思う。懐いていたと言っても、今でもクールなタイプだからね。『キャッキャ、キャッキャ』というタイプではないんですけど。でも、かわいい子だったね」

年を重ねた満知子は後進の指導者の育成も考え、トップ選手はアシスタントコーチだった樋口美穂子にも任せるようになった。「私が国際大会に付いて行くのも、佳菜子のオリンピック前ぐらいまでだったと思うんですよ。だから昌磨とも、ものすごく2人で闘ったという感じではないなあ」

満知子の心の中には、いつまでもかわいらしい昌磨がいる。

五輪が当たり前みたい

満知子の「将来、上手になるんだろうな、という雰囲気があった」という期待通り、昌磨は階段を駆け上がっていく。20歳で迎えた2018年の平昌《ピョンチャン》五輪で銀メダルを獲得した。

平昌五輪の男子フリーで演技する宇野昌磨さん＝2018年2月、韓国・江陵で

伊藤みどり、浅田真央に続く教え子の快挙。韓国入りせず、愛知県内で取材に応じた満知子は「小柄だけに、表現力など人と違うことを武器にしようと努力してきたかいがあった」と成長をたたえた。そして、大会での順位より「人から愛される人間になってほしい」と願ってきたと明かし、「昌磨もみんなから温かく応援してもらえる人間に育った。コーチを続けてきて良かった」としみじみ語った。

その後、昌磨は満知子たちの下から飛び立っていく。

「男子は4回転ジャンプが跳べて当たり前の時代になった。ここにいて、昌磨が本当に上手になっていけるのかって、そういうことを考えた時、海外へ出した方がいいんじゃないかって。

（コーチが）あいまいな時もあったけど、ステファン・ランビエルになってから、だんだんうまくいって、私も良かったなと」

昌磨は2022年北京五輪でも銅メダルに輝き、2024年5月に現役引退、プロスケーターとして活動していくと表明した。「また新しい宇野昌磨を見せてほしいと思っています」。大須のリンクで報道陣に囲まれた満知子は、次のステージへと羽ばたく青年に、笑顔でエールを送った。

「昌磨は（浅田）舞と真央の後だっけ？（村上）佳菜子の後か。（恩田）美栄ちゃんもいたし。みどりの時とは違う。うちから、いっぱいいね。もう当たり前みたいにオリンピックとか、世界選手権とか。みどりの時には、遠い世界だったのがね」

綺羅《きら》、星の如《ごと》し――。満知子が愛情を込めて育んできた逸材たちは、日本のフィギュアスケート史に燦然《さんぜん》と輝く。

やっぱり　楽しむこと

満知子のエールを受け、昌磨はプロフィギュアスケーターとして忙しい毎日を送っている。思い出の中には、どんな満知子がいるのだろうか。

スケートを始めた5歳、出会いの記憶。「金髪に室内でもサングラスだったので、小さいころは少し怖いイメージでした」。山田グループの先輩、浅田真央が満知子に抱いた第一印象とそっくり。

そして、その見た目と実際の愛にあふれた指導とのギャップに、真央が「すごく怖い先生なのかなと思ったら、全然。反対に『優しいの塊』のような」と心を震わせたように、昌磨も満知子の愛情をしっかりと受け取っていた。

「小さいころからスケートの技術というより、自由に伸び伸び育てられつつ、私の見えないところで、すごく守っていてくれていたなと思います」

そして満知子の「愛される、記憶に残るスケーターになりなさい」といった教えは、「すごく僕の考えに影響を与えました」と認める。

「結果を出すことはとても大切ではありますが、どれだけ良い成績を残しても、人間性が伴わなければ応援されない。それとともに、スケートを楽しく行うというのが一番大切だということを学びました。満知子先生も寒いスケートリンクに長く立って、今でもレッスンする姿を見ると、とてもスケートを愛しているのだなと感じます」

心に残っている2人の思い出を聞くと、満知子の下を離れた現役終盤、練習時間が重なった時などにゆっくりと雑談したことを挙げた。年月を経て、かみ締めるほど、その教えは味わいを増すのだろう。

最後に満知子へのメッセージ。「また会いに行きます」

2

教え子たちへの贈り物

「良かった」の基準

２０２４年の松の内、年が明けての「取材初《ぞ》め」。年始の挨拶《あいさつ》も早々に、満知子は声を弾ませた。

「全日本、見た？　良かったよねー！　ソウタは」

「全日本」とは２０２３年末に長野市であったフィギュアスケートの全日本選手権、そして「ソウタ」とは満知子が教える山本草太のこと。フリーの演技を終え、手応えは十分だったのだろう。大歓声に包まれながら何度も拳を握る。リンクサイドへ戻る時には、すでに口元を押さえていた。


待ち受けた満知子はそっと抱き締め、背中を何度もたたいた。総合3位。10度目の出場で初の表彰台を決めた、実に感動的なシーンだった。

全日本選手権で、演技を終えた教え子の山本草太さん㊧と喜び合う山田満知子さん＝2023年12月、長野市ビッグハットで

「2人でいろいろ約束しながら練習していたことが、まあ、ほぼほぼうまくいったから。彼も、私のところに戻って来る前に泣いていた。お互い、ほっとしたというのがあったからね。喜んでいたね、2人で。良かったよね、うまくいったと思う」

ライバルたちが次々と高得点をたたき出す中で、全てのジャンプを成功させ、シーズンベストを更新。師弟とも、納得の内容だった。

年始に接した、そんな満知子の喜び。より理解するために、アルベールビル五輪銀メダリスト、伊藤みどりの幼少期の回顧を再録したい。

「東京などへ、たくさん試合に行けるようになりました。ただ自分の練習したものを新幹線に乗って、富士山を見て発揮しに行く。順位が5位なのか10位なのかは、別に先生には怒られなくて。練習してきたものを発揮できれば、『それでよし』と」

練習の成果を、試合で一生懸命に発揮する。それが一番大切なこと。40年前から、満知子の基準は変わっていない。

見守る　深く、じーっと

中京大学卒で、2025年1月に25歳となる山本草太は、満知子が率いる「山田グループ」

では異質な存在だ。大阪府岸和田市出身。ジュニア時代に頭角を現したが、度重なるけがで辛酸をなめ、出直しを懸けて満知子たちの下へとやって来た。

「山田グループ」は幼少期から面倒を見ている選手が大半だ。それは「フィギュアスケートを通じて、人生をつくっていく」という満知子の信念が反映されている。少ない男子でも、宇野昌磨らとは逆のパターンだ。

「昌磨は大きくなって手放したけど、山本君は他でやっていて、再出発したくてうちに来たってやつだからね。大きくなってからのお付き合い。だから、大人として付き合っているかな」

全日本選手権の男子ショートプログラムで演技する山本草太さん＝2023年12月、長野市ビッグハットで

具体的には——。

「どちらかというと、見守っている形かな。練習を切り上げるか、続けるかなどは、すごく草太を尊重しているというか。前だったら、私は割と『締めて』いたと思うんですけど。今は、どんどん押すのではなくて、深いところでじーっと見守って、彼を押し上げようとしている」

程度の差こそあれ、満知子の指導の基本は「見る」「見守る」ことだと明かす。

そもそも伊藤みどりに始まり、教え子たちが次々と成功させた山田グループの代名詞、トリプルアクセル（3回転半ジャンプ）も「別に自然の流れでやっているだけ」と特別な指導はしていないと強調する。

それでも世は、満知子をジャンパーを育てる名伯楽とみている。なぜ、教え子たちが次々と跳べるのか。「能力があったんじゃない、みんなに」とあっけらかんと答える満知子に、「でも、先生の指導に特別な何かがあるのでは」と食い下がると、こう語り始めた。

「大体、先生、先生なんてさ」

先生なんて5～10％

フィギュアスケートのコーチの存在について、満知子は持論を語る。

「先生なんてさ。そりゃあ初心者の時は、先生の力は大きいと思うんですよ。いつも山本草太にも言っているんですけど、お料理に例えれば私なんか、お塩やこしょうを振ったりするだけ。本人の力が80～90％。先生の力なんか5～10％、足してあげているだけで。あれぐらいの選手なら、自分のことは自分でよく分かる。なぜこうなっちゃったとか、踏み切りがどうのこうのっていうのは」

この日も草太のレッスンがあったが、ほとんど黙って見ていたと明かす。

「失敗すると、ちょっと呼んで『今こうなっていたけど、良い時はこうだから』って伝えると、選手も『ああ、そうかもしれませんね』みたいな感じで。ほとんど本人さんですよ」

その上で、スケートリンクへ行く。理由を続けた。

「私が行った方がね。一人で練習していても拍手する人もいないし。私は跳べれば拍手してあげるし。先生がいないより、いた方がいいと思うから行くだけであって。本当に、うん」

満知子の視線が大きいと。

「そうだと思う。子どもたちが張り切れる。現実に、大須のリンクにいるちっちゃい子なんか、私が行くと突然、張り切り出すからね。時々、泣いてる子がいて、お母さんに聞くと『先生にいいところを見せようと思ったのに、うまくいかないから泣いちゃったんですよ』って。あら、そうなのって。私なんか、そんなもんよ」

そこにいる。そして、じっと見ている。その大切さを満知子は、かみ締めている。

「ちっちゃい子の時は手取り足取り教えますが、大きくなったらじっと見てる時が多いかな。それこそ『待つ、待つ、待つ』。自分で気付くのを待っている」

そんな「極意」を得たきっかけが、駆け出しのころにあった。

待つことはすごく大事

待って、選手の力を引き出す。満知子の指導の芯は、尊敬する先人の助言が基礎となっている。

山下艶子――。佐藤信夫、久美子（旧姓大川）夫妻らを育てた名伯楽。コーチとして駆け出しだった満知子が教えを請うた、大阪・難波の「貴婦人」だ。それはフィギュアスケートにとどまらず、優雅な振る舞いすべてを手本としていた。

「山下先生に言われたの。私が若い時にね。『山田さんは、すぐに教えるでしょ。待てない。違う違う違う、とか。もっとこうしなさい、とか。でも、待つことも大切なのよ』って。その時、確かにそうだなあって思って。それから、だんだん待つことができるようになった」

若く、指導に燃えているからこそ、すぐに声を掛け、教えたくなる。だけど、そこをグッとこらえて、子どもたちの気付きを待つ。

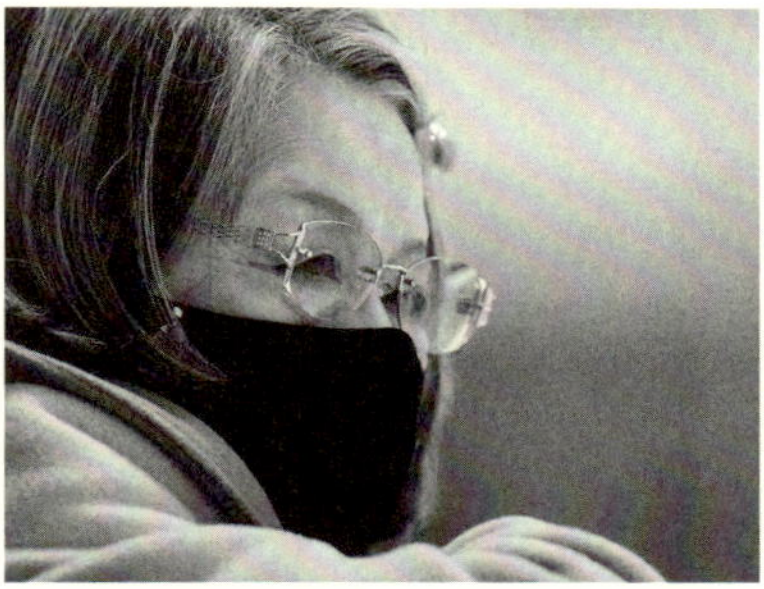

愛知県競技会で、教え子の演技を見守る山田満知子さん＝2023年12月、名古屋市港区の邦和みなとスポーツ＆カルチャーで

「そうすれば、子どもたちに自分で考える力が付く。そこで、私がちょっとお塩を振ったり、こしょうを振ったりする。これはスケートだけじゃなく、何でもそう。子どもさんの勉強にしてもね。待つことって、すごく大変。忍耐がいるじゃないですか。でも、待つってことは、すごく大事だよ。そのうち本人が気が付いて、いろいろする。それで、自分のものになっていく。だけど、すぐに手を出したんでは、なかなか自分のものにはならないよね」

そうやって子どもたちと接することで、自分も変わってきたと自覚する。「いきがって、ヒステリックにやる人もいるかもしれないけど、私はだんだん円くなったと思う。人間的にも円くなった。みんなと和気あいあいというのが好きだから」。教えることで、また、教えられている。

道程　見えるから示せる

満知子は、自身の指導の基本は「見守る」ことだと話す。では、選手はどう思っているのか。現門下生の山本草太は「見守る形ではありますす」と同意する。でも、ただ見ているだけではないと付け加える。

「目標がすごく高くて。妥協がない。例えば、ノーミスって大変なんですけど、練習でノーミスだったたと思って先生のところに行っても『あそこのジャンプ、詰まっちゃったね』って。自分としては随分頑張ったんですけど。最後の最後は見守る形ですが、試合であれこれ言うのではなく、普段の練習から大事にして。ただただ立っている、見ているだけでなく、客観的に見てもらえる先生かなと思います」

そんな話を聞いて、かつて取材した、ある指導者の印象深い言葉を思い出す。「シンクロの母」と呼ばれた現アーティスティックスイミングの名伯楽、井村雅代が、２０１６年のリオデジャネイロ五輪で復活を目指す日本代表のヘッドコーチに就任する際、こう言い切った。

「私にはメダルの取れる演技が見えているつもり」

目標は前回のロンドン五輪で逃したメダルの奪還。そのレベルにまで、選手たちを引き上げるという決意表明だった。そして、見事に有言実行したのだ。

井村の目に備わる物差し。それは、満知子の目にも当てはまるのではないだろうか。

けがに悩まされ、八方ふさがりのような状況に陥っていた草太にとって、満知子の存在がメンタル面に及ぼす影響

全日本選手権で、男子ショートプログラムの演技を終えた山本草太さん㊨の得点を見て、ガッツポーズする山田満知子さん＝2023年12月、長野市ビッグハットで

は大きいと語る。

「普段の練習で先生がいることが、すごく支えになっている。気持ちの持っていき方とか。先生はいろいろな選手を見て、経験があるので」

指導者の確かな「目」に、選手は絶大な信頼を寄せ、安心して付いていく。

みんな頑張ってるから

約40人の教え子を抱える満知子は、今も多忙だ。２０２３年度のシーズンは陸路で北海道へ向かうなど、まさに東奔西走。ちっちゃな子から、それこそトップ選手の山本草太らまで。あらゆるカテゴリーの試合に同行し、リンクサイドで選手を励まし、鼓舞する。

そんな満知子は、80歳を超えた今も夜10時ごろまでスケートリンクにいる。昼過ぎから個別のレッスンを行い、合間にリハビリ。若いころに痛めた腰をマッサージしてもらい、指導の仕事に耐えられる体調を保つ。そして、再びリンクへと戻るのだ。

「相変わらず、お忙しいですね」と問いかけると、満知子は穏やかに答えた。

「例えば家族で言ったら、赤ちゃんが誕生したら楽しいじゃないですか。うれしいことで忙しい」

その忙しさに、経験を積みながら慣れてきたと続ける。

「でも若い時って、赤ちゃんが生まれたら、この子をちゃんと育てられるのか、どうとかって、心配も大きいでしょ。同じように、コーチになって最初のころはもがいていたから、すごく大変だった。それから、だんだん要領を覚えてきてね。まあ、『一流コーチ』ってやつに慣れてきたというか、ハハハ」

　軽口を挟み、あふれる思いを一気に吐露してくれた。

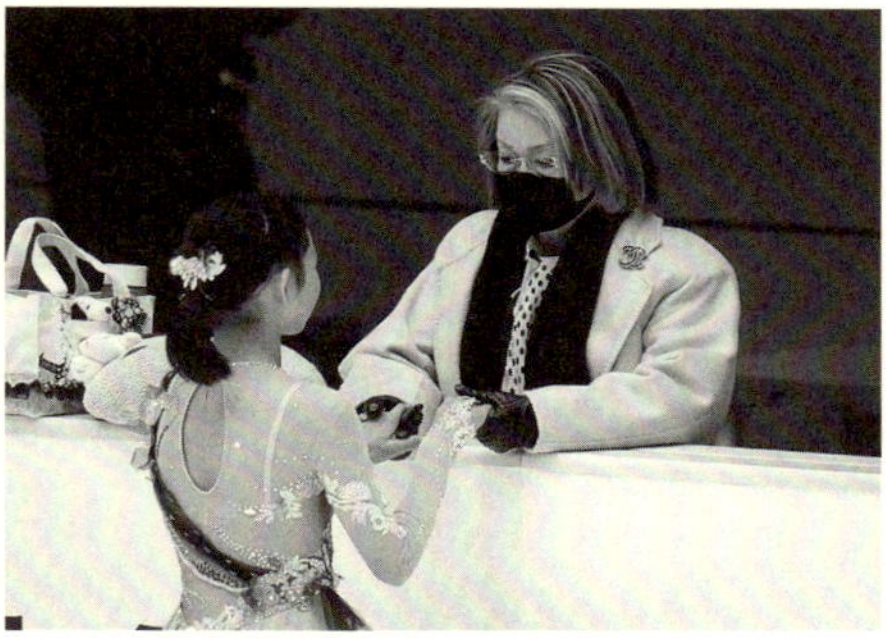
全日本ジュニア選手権で、女子フリーの演技前に和田薫子さん㊧と話す山田満知子さん＝2023年11月、大津市の木下カンセーアイスアリーナで

「楽しんでお仕事している。子どもたちと触れ合って、フィギュアスケートについて、いろいろやっていくことが今は楽しい。忙しいというより、楽しい。もう80歳を超したおばあさんなんだけど、先生と一緒に頑張りたいと言ってくれる人がいて、その人がいてくれるから私も一生懸命に自分の良さを出して、子どもたちを引っ張っていって上達させてあげたい」
　そんな満知子の教え子は、２０２４年度のシーズンも躍動中だ。草太と共にグランプリ（ＧＰ）シリーズに参戦した松生《まついけ》理乃《りの》がＧＰファイナルに進出。山下真瑚《まこ》はアジアンオープントロフィーで2位に輝き、15歳の和田薫子もジュニアGPファイナルへ進んだ。

「みんな頑張ってるよ」と名コーチは目を細める。

人生　うまくいかなくても

コーチ歴は60年。満知子に、教え子の総数を聞いても「多すぎて分かりません」と笑う。伊藤みどり、浅田真央、宇野昌磨の「五輪銀メダリスト」を筆頭に、フィギュアスケートで輝かしい成績を残した選手は数多い。ただ満知子は、こう語気を強める。

「山田先生に習えばオリンピックに出られる。そういう『すごい先生』ではないのよ。みんな、そう思って来るけど、違うって。有名にならなかった子もたくさんいるよ。でも、その子たちも大好き」

自らを、山田グループを「普及部」と呼ぶ。もともとが「フィギュアスケートを通じて、人生をつくっていく」という、満知子の思いに共感した人たちの集合体だからだ。

「温かい気持ちでフィギュアスケートを学びながら、青春時代を過ごす。将来、私のことも忘れないでしょうし、いつまでもお付き合いできればいいなと」

教え子の中には勉学に励み司法試験を突破、弁護士として活躍する女性もいる。それぞれが、自身で見つけたそれぞれの道を歩む。満知子と過ごした日々を糧として。

スケートを通じて、子どもたちに伝えたかったこと。ストレートに問うてみると「私は努力すること」と答えた。

「やっぱり、人生は思い通りにはならない。試合で負けて、うまくいかないかもしれないけど、それでも続けていくこと。まあ、苦痛だよね。苦痛だけど、その中に何とか喜びを見つけてやっていれば、人生、きっといいことがある」

そんな満知子の思いに、心から共鳴する教え子がいる。

「やめたくなったり、もうできないと思ったことがたくさんあって、でも最後まで続けて本当に良かった、最後まで頑張って良かったなという気持ちが、今思うとありますね。それも先生の導きがあって、親も導いてくれて、最後までできたんですけど」

満知子に「けなげな努力家」とたたえられた、小岩井久美子だ。

続けた先に　何かがある

フィギュアスケートの指導を通じて、満知子が子どもたちに説いてきた「努力し続けること」の大切さ。同意する教え子の久美子は、先輩の伊藤みどりに憧れ、その才能の差を痛感しながらも、けなげに、懸命にスケート人生を滑り切った。

「何事も最後までやり切ることは難しい。途中でやめるのは簡単なんですけど」

満知子に導かれ、けがと闘い、世界ジュニア選手権、ユニバーシアード冬季大会で優勝を飾るなど、すべてやり切り、晴れ晴れと会社員という次のステージへとこぎ出していった。そして、母となり娘と息子を育てた。

「子どもたちにも『続けることは大変だけど、いずれ、いろんなことに役に立つよ』ということを伝えています」

２０２４年春、大学生となった息子は、小学生から剣道を始め、続けた。

「すごい選手ではありませんでしたが『最後までやろう』と続けさせたんですね。それは、私がスケートを通して先生から習ったこと。とにかく続けることの大切さを、ちょっと教えたいなと思って」

一つの区切りとなる中学での卒団までは「頑張ろう」と鼓舞した。以降は本人に任せたが、高校でも剣の道を歩んだという。

「自分は本当に良い経験をいっぱいさせてもらって、良いスケート人生だったので。途中でやめたいという葛藤もありましたが、続けたらきっと何かがあるかなと思って。そういうことを満知子先生から教えてもらえたかな。スケートを通じて、それを感じたなと思いますね」

良いことばかりじゃないけど、悪いことばかりでもない。2人の子どもたちは、時には挫折を乗り越え、大学入試を突破し、自身で決めた道を歩み出している。母が満知子から学んだ人生訓を受け継ぐように。

やっぱりスケートが好き

満知子に導かれ、人生を謳歌《おうか》するスケーターが、もう一人いる。

2024年5月、ドイツ・オーベルストドルフであった国際アダルト・フィギュアスケート選手権。54歳となったアルベールビル五輪銀メダリスト、伊藤みどりは笑みをたたえ、気持ちよさそうに氷上を舞った。

28歳以上がエントリーできる国際スケート連盟が公認する大会に、不惑を超えた2011年に初参加。以来、機会があるたびに出場している。

「先生は『恥ずかしいからやめなさいよ』って言うんです。でも、きっと先生はうれしい気持ちでいてくださると思うんですよ。『やっぱりみどりは、小さいころと同じように滑るのが好きなんだね』と」

もちろん、全盛期のようなスピードも、ジャンプの高さもない。でも、あふれ出す幸福感は、あのころと同じ。そう、満知子と出会い、時間を忘れて滑った、あのころと。

「私は滑ることが好き。感じる風だったり、においだったり。年齢によって表現する曲調が違ったり、自分の気持ちを発散することができたり。そういうことが自由にできる。それがスケートの魅力」

満知子に教えてもらったフィギュアスケートは、みどりの人生にとって、かけがえのないものとなっている。そして今、居を構える北九州市で、インストラクターとして子どもたちとリンクを駆け回っている。「なんちゃって先生ですけど」とおどけつつ。

スケート教室で子どもと楽しく、でも真剣に向き合う伊藤みどりさん＝2024年1月、北九州市で

「私は先生しか知らないので、先生の教えをたどっているというか。教え方も、自分が楽しかったことを、子どもたちに教えているという形だし。先生がよく『素直な心が才能を伸ばす』と言っていたが、そうだなあとか。この年齢になって、よく分かる。でも自分が選手でやっている時には分からないよね、先生のありがたみが」

ムスメの願いは一つ

コーチとして、そしてハハ（母）として。フィギュアスケートという、自由に人生を謳歌するための「羽」を授けてくれた満知子を、みどりは感謝を込めて仰ぎ見る。

「やっぱり、人生の師匠ですね。波あり、谷あり。きっと大変だったり、しんどかったりしているんでしょうけど、先生なりに努力しながら、子どもたちを教えているというのは尊敬に値する」

そして自らも、そんな生き方ができればと、願う。

「いつまでも元気で、いい子どもたちを育てていってもらえたらいいな」

みどりは「いい子」と言うと、思い出したように、こう繰り返した。

「先生にとって大事なのは、いい子どもたちを育てるということだから。精神とか、練習に対する態度とか、そういう『いい子』を求めている。スケートが上手な子を求めているわけじゃない。不思議ですよね。『いいスケーターはいらない』って言うんですもん。いい子が欲しいって。だから『あんたなんかいらない』って言われるんですよ、ははは」

80歳を超え、今もリンクサイドに立ち続ける満知子に対し、みどりは「家族的な目線で見ますね」と体調だけは、気を付けてほしいと話す。

「元気で、いつまでも。本当に氷の上で死ぬんじゃないかと思うぐらい。年齢に応じて、体調に応じて過ごしてもらえてたら。体調だけが心配。でも、私が電話をかけたら、また怒られるから。『あんたからかかってくる時は、いっつも悪いニュース』って。愛情表現がちょっといびつだから、先生は。私のこと、まだ子どもだと思ってるんだよ。子どもは子どもなんだよね、やっぱり」

ぶっきらぼうで、遠慮のない関係。それは、深い信頼と愛情の裏返しなのだろう。

3
昨日から今日、そして明日へ

高度成長　希望へ歩んだ

先の大戦中、１９４３（昭和18）年に生まれた満知子は、復興する日本の軌跡をなぞるように生きてきた。

「そうだよ。私たちの年代の人っていうのは、みんないろんなことを知っている。考えもしなかったように、どんどん時代が変わっていった」

例えば物質的なこと。寒いリンクでは、注油したベンジンを酸化発熱させる「ハクキンカイロ」を使っていたが、次第に便利で安価な使い捨ての携帯カイロが普及した。

「何もかも進化していった時代に生きてきて、同じようにフィギュアスケートもどんどん、どんどんね。他の先生では味わえない、いい波が私には来ていた」

大きな契機は、伊藤みどりとの出会い。欧米中心に発展してきたフィギュア界に、名古屋で生まれ育った逸材と共に、トリプルアクセル（3回転半ジャンプ）の大技を引っ提げ、風穴をあけた。革命的な出来事だった。

その後も教え子たちを次々と世界へと羽ばたかせた。だからといって、決して大会や競技会での1位を目指してきたわけではない。満知子は、しみじみと語る。

「皆さんのようにオリンピックに出たいとか、全日本選手権に出たいとか、ワーッと言われると疲れちゃう。だから私は、明日の目標とか、できる目標とか、そこをクリアしたら次にどうするかとか、身近なところからやっていかないとね。今日は昨日よりジャンプの成功率が良かった、とか。明日こんなことをやってみたいな、とか。そういう方が私は好きだし、いいんじゃないかと」

昨日より今日、今日より明日。満知子が語る理想は、希望にあふれた戦後の日本の歩みに重なる。

令和も変わらぬもの

指導者として60年を超す月日を歩んだ満知子は、当然のことながら時代の変化を味わってきた。学校などの教育現場でも言えることだが、先生や指導者と、子どもたちやその保護者との関係は変わってきたと感じている。

「昔は『先生さま』じゃないけど、先生と子どもたちや父母は、友だち関係ではなかった。今は敬語も使わないし、まあフレンドリー。そういう感じの日本の教育に変わってきていますよね」

昭和の常識は、令和の非常識。時代の流れを敏感に感じ取ることができず、いまだに子どもたちを支配するようにハラスメントを行う指導者の、悲しいニュースが後を絶たない。

そんな話題に水を向けると、満知子は「でも私は昔と変わってないんじゃないかな。教育方針を変えなきゃ、というのもないですし」と語る。

全日本選手権で、松生理乃さん㊧と話す山田満知子さん＝2023年12月、長野市ビッグハットで

端的な例が保護者との関係だ。まだ大学生だった駆け出しコーチのころ、当然、ママたちは年上だった。長女の美樹子が生まれた時には、満知子が指導する間、代わる代わるあやしてもらった。満知子が年を重ねればママたちも同年代に変わり、やがて年下となった。「今は私の娘ぐらいか、下手したら孫みたいな年代の人もいます」

それでも、と続ける。

「私は、今でもお母さんたちに、甘えて頼っていますから。こういう性格なので。今の時代も違和感なく、全く変わっていない。年上のお母さんから年下に変わっても、私は相変わらず甘えています。『助けてー』みたいな感じですから。へへへ」

4人きょうだいの末っ子は、幼少期から筋金入りの甘えん坊。時代の変化にも、柔らかに、しなやかに。周囲を巻き込む「山田ファミリー」の求心力を生んでいる。

このまんまが、幸せ

昔、よく頼まれた講演で満知子は、こんな話をしていたと明かす。

「例えば生まれ変わるとしたら、もっとお金持ちになりたいとか、医者になりたいとか、後悔ってあるじゃないですか。でも、私は全くなくて。結婚とか、フィギュアスケートとか、本当にいい人生を送らせてもらっているので、幸せだなって。皆さんにも、そう思える人生を送ってほしい。後ろ向きに物事を考えないで」

そんな自分が最も輝ける場所は、やはりスケートリンクだと思っている。

「他の先生や生徒さんから『満知子先生が来るだけでみんなピンとする。だからやっぱり来ていただかないと』ってよく言われるんだけど。自分もリンクに行って華やぐ。自分が頑張って、そしてみんなでスケートをやっていくことが楽しいんだと思う」

２０２４年6月に81歳の誕生日を迎えた名コーチは、この先、どんな道を思い描いているのか。

「私はね、引退して老後を楽しみたいと思っているのよ。選手がいなくなったら、自然とね。でも、私のところで働いてくれている先生もいるので、私がやめて終わりじゃなくて、その人たちが頑張れるようにしていかなければならない。そうすると、そう簡単にやめることはできない。病気なら別でしょうが。だから、どうなるんでしょう、私は」

ハハハ、と笑って続けた。

「多分、このまんま、ずーっと続くと一番幸せなんだけど。死ぬまで。まあ極力、そういう方向に向かって進んでいくわ。へへへ」

そして、私に向かって、いたずらっぽく尋ねた。

「ねえ高橋さん、この間、リンクに来て練習を見てくださったと思いますが、頑張っているでしょ、私」

山田満知子さんと主な教え子たちとの足跡

1943年　6月26日に名古屋市で4人きょうだいの末っ子として誕生
　　　　小学生となり、フィギュアスケートを始める
1959年　愛知・金城学院高校入学
　　　　在学中に全国高校スケート選手権、国体で優勝
1962年　金城学院大学入学
　　　　保護者たちに請われ、子どもたちにフィギュアスケートを教え始める
1972年　札幌五輪を観戦しジャネット・リンに感銘を受ける
1973年　伊藤みどりと出会う
1980年　初の海外遠征だった世界ジュニア選手権（カナダ）で8位
　　　　シニアの全日本選手権で3位と衝撃デビュー
1985年　全日本選手権初優勝、以降8連覇
1988年　カルガリー五輪で5位

1989年　愛知県フリー選手権で世界女子初のトリプルアクセルに成功
　世界選手権（パリ）で日本勢初優勝
　みどりとともに文部省（当時）のスポーツ功労者の表彰を受ける
1992年　アルベールビル五輪で銀メダル、その後の4月に引退会見
　小岩井久美子が世界ジュニア選手権（韓国）で優勝
1997年　ユニバーシアード冬季大会（韓国）で優勝
2002年　恩田美栄がソルトレークシティー五輪で17位
2005年　浅田真央が世界ジュニア選手権（カナダ）で優勝
　グランプリファイナル（東京）で優勝
2010年　村上佳菜子が世界ジュニア選手権（オランダ）で優勝
2014年　ソチ五輪で12位
2015年　宇野昌磨が世界ジュニア選手権（エストニア）で優勝
2018年　平昌五輪で銀メダル
2025年　81歳の今もリンクサイドに立ち続ける

おわりに

2023年の晩夏、寺本政司編集局長（当時）から提案がありました。「山田満知子さんの長期連載ができないかな」と。その心はこうでした。今やフィギュアスケートは愛知、名古屋の伝統競技。そこまで高めたのが満知子先生であり、地元の宝。功績は愛知の枠をとうに超え、フィギュア熱は全国へと広がっている――。

振り返れば、地元紙なのに、フィギュア王国愛知の源流を紹介する短期連載はあっても、その功労者の軌跡を生い立ちからなぞり、胸の内にじっくり迫ったことはありませんでした。

教え子の多くが子ども心に満知子先生に最初に抱く「ちょっと怖い」という印象は、大人の私も同じでした。テレビの映像から思ったのは「毛皮を着た派手な女性」。ところが35年ほど前、取材で接すると「フィギュアスケートに対してとことん真面目で、人の心にスーッと入ってくる優しい女性」に一変しました。

なぜなのか。その答えが新聞連載であり、それを1冊にまとめた本書だと思うのです。

地方都市から光を放ち続ける姿は、何でも東京一極集中が進む世の中へのアンチテーゼでもあります。生徒一人一人の個性を尊重しながら、「愛されるスケーターになりなさい」と説き、逆に生徒たちから愛され続けています。

本書は、一人のインストラクターのコーチ論ではなく、むしろ教育論や生き方論につながるのではないでしょうか。年代、性別に関係なく、読み終えたとき、何でも構いませんが「私ももう少し頑張ってみよう」と心にポッと灯がともったなら、こんなにうれしいことはありません。

最後に、私たちの思いを受け入れ、高橋隆太郎記者の度重なるインタビューに答えてくれた山田満知子さんご本人、「満知子せんせい」の実像を浮き上がらせてくれた教え子の伊藤みどりさん、小岩井久美子さん、浅田真央さん、村上佳菜子さん、宇野昌磨さん、山本草太さん、ご協力いただいたすべての方々に感謝を申し上げます。

２０２５年１月

中日新聞運動部長　高橋広史

［著者略歴］
高橋 隆太郎（たかはし・りゅうたろう）
1973（昭和48）年、千葉県柏市生まれ。1997年に上智大学文学部新聞学科を卒業し、中日新聞社に入社。主に中日新聞と東京新聞の運動部、中日スポーツ報道部でスポーツ報道に携わり、中日ドラゴンズを中心としたプロ野球をはじめ、フィギュアスケートや競泳、大相撲など担当した競技は多岐にわたる。五輪は2006年トリノ冬季大会、2016年リオデジャネイロ夏季大会を現地取材した。

満知子《まちこ》せんせい
みどり、真央《まお》、昌磨《しょうま》と綴《つづ》った愛《あい》の物語《ものがたり》

2025年1月21日　初版第1刷発行

著　者　高橋隆太郎（中日新聞運動部記者）
発行者　小杉敏之
発行所　中日新聞社
〒460-8511　名古屋市中区三の丸一丁目6番1号
電話　052-201-8811（大代表）
052-221-1714（出版部直通）
https://www.chunichi.co.jp/corporate/nbook

印刷・製本　株式会社アイワード
デザイン・組版　bird location（吉野章）

ISBN978-4-8062-0823-5
C0095